TRANZLATY

El idioma es para todos

Язык для всех

El Manifiesto Comunista

Манифест Коммунистической партии

Karl Marx
&
Friedrich Engels

Español / Русский

Published by Tranzlaty
ISBN: 978-1-80572-438-4
Original text by Karl Marx and Friedrich Engels
The Communist Manifesto
First published in 1848
www.tranzlaty.com

Introducción
Знакомство

Un fantasma acecha a Europa: el fantasma del comunismo
Призрак бродит по Европе — призрак коммунизма

Todas las potencias de la vieja Europa han entrado en una santa alianza para exorcizar este fantasma
Все державы старой Европы вступили в священный союз, чтобы изгнать этот призрак

El Papa y el Zar, Metternich y Guizot, los radicales franceses y los espías de la policía alemana
Папа и царь, Меттерних и Гизо, французские радикалы и немецкие полицейские-шпионы

¿Dónde está el partido en la oposición que no ha sido tachado de comunista por sus adversarios en el poder?
Где та оппозиционная партия, которая не была осуждена своими оппонентами у власти как коммунистическая?

¿Dónde está la Oposición que no haya devuelto el reproche de marca al comunismo contra los partidos de oposición más avanzados?
Где та оппозиция, которая не отбросила бы клеймо коммунизма в адрес более передовых оппозиционных партий?

¿Y dónde está el partido que no ha hecho la acusación contra sus adversarios reaccionarios?
И где та партия, которая не выдвинула обвинения против своих реакционных противников?

Dos cosas resultan de este hecho
Из этого факта вытекают две вещи

I. El comunismo es ya reconocido por todas las potencias europeas como una potencia en sí misma
I. Коммунизм уже признан всеми европейскими державами в качестве державы

II. Ya es hora de que los comunistas publiquen abiertamente, a la vista de todo el mundo, sus puntos de vista, sus objetivos y sus tendencias

II. Коммунистам давно пора открыто, перед лицом всего мира, обнародовать свои взгляды, цели и тенденции

deben hacer frente a este cuento infantil del Espectro del Comunismo con un Manifiesto del propio partido

они должны встретить эту детскую сказку о призраке коммунизма манифестом самой партии

Con este fin, comunistas de diversas nacionalidades se han reunido en Londres y han esbozado el siguiente Manifiesto

С этой целью коммунисты разных национальностей собрались в Лондоне и набросали следующий манифест

El presente manifiesto se publicará en inglés, francés, alemán, italiano, flamenco y danés

Этот манифест должен быть опубликован на английском, французском, немецком, итальянском, фламандском и датском языках

Y ahora se publicará en todos los idiomas que ofrece Tranzlaty

И теперь она будет издана на всех языках, которые предлагает Tranzlaty

La burguesía y los proletarios
Буржуа и пролетарии

La historia de todas las sociedades existentes hasta ahora es la historia de las luchas de clases

История всех существовавших до сих пор обществ есть история классовой борьбы

Hombre libre y esclavo, patricio y plebeyo, señor y siervo, maestro de gremio y oficial

Свободный человек и раб, патриций и плебей, господин и крепостной, мастер гильдии и подмастерье

en una palabra, opresor y oprimido

Одним словом, угнетатель и угнетенный

Estas clases sociales estaban en constante oposición entre sí

Эти социальные классы находились в постоянном противостоянии друг с другом

Llevaron a cabo una lucha ininterrumpida. Ahora oculto, ahora abierto

Они вели непрерывную борьбу. То скрытый, то открытый

una lucha que terminó en una reconstitución revolucionaria de la sociedad en general

борьба, которая закончилась революционным переустройством общества в целом

o una lucha que terminó en la ruina común de las clases contendientes

или борьба, закончившаяся общим разорением борющихся классов

Echemos la vista atrás a las épocas anteriores de la historia

Обратимся к более ранним эпохам истории

Encontramos casi en todas partes una complicada organización de la sociedad en varios órdenes

Почти всюду мы находим сложное устройство общества на различные порядки

Siempre ha habido una múltiple gradación de rango social

Всегда существовала многообразная градация социального ранга

En la antigua Roma tenemos patricios, caballeros, plebeyos, esclavos

В Древнем Риме были патриции, рыцари, плебеи, рабы

en la Edad Media: señores feudales, vasallos, maestros de gremios, oficiales, aprendices, siervos

в средние века: феодалы, вассалы, цеховые мастера, подмастерья, подмастерья, крепостные

En casi todas estas clases, de nuevo, las gradaciones subordinadas

почти во всех этих классах, опять же, подчиненные градации

La sociedad burguesa moderna ha brotado de las ruinas de la sociedad feudal

Современное буржуазное общество выросло из руин феодального общества

Pero este nuevo orden social no ha eliminado los antagonismos de clase

Но этот новый общественный строй не устранил классовых антагонизмов

No ha hecho más que establecer nuevas clases y nuevas condiciones de opresión

Она лишь создала новые классы и новые условия угнетения

Ha establecido nuevas formas de lucha en lugar de las antiguas

Она установила новые формы борьбы взамен старых

Sin embargo, la época en la que nos encontramos posee un rasgo distintivo

Однако эпоха, в которой мы находимся, имеет одну отличительную черту

la época de la burguesía ha simplificado los antagonismos de clase

эпоха буржуазии упростила классовые антагонизмы

La sociedad en su conjunto se divide cada vez más en dos grandes campos hostiles

Общество в целом все больше и больше раскалывается на два больших враждебных лагеря

dos grandes clases sociales enfrentadas directamente: la burguesía y el proletariado

два больших социальных класса, непосредственно противостоящих друг другу: буржуазия и пролетариат

De los siervos de la Edad Media surgieron los burgueses de las primeras ciudades

Из крепостных крестьян Средневековья произошли зафрахтованные бюргеры самых ранних городов

A partir de estos burgueses se desarrollaron los primeros elementos de la burguesía

Из этих горожан развились первые элементы буржуазии

El descubrimiento de América y el doblamiento del Cabo

Открытие Америки и огибание мыса

estos acontecimientos abrieron un nuevo terreno para la burguesía en ascenso

Эти события открыли новую почву для поднимающейся буржуазии

Los mercados de las Indias Orientales y China, la colonización de América, el comercio con las colonias

Рынки Ост-Индии и Китая, колонизация Америки, торговля с колониями

el aumento de los medios de cambio y de las mercancías en general

Увеличение средств обмена и вообще товаров

Estos acontecimientos dieron al comercio, a la navegación y a la industria un impulso nunca antes conocido

Эти события придали торговле, мореплаванию и промышленности невиданный ранее импульс

Dio un rápido desarrollo al elemento revolucionario en la tambaleante sociedad feudal

Она дала быстрое развитие революционному элементу шатающегося феодального общества

Los gremios cerrados habían monopolizado el sistema feudal de producción industrial

Закрытые гильдии монополизировали феодальную систему промышленного производства

Pero esto ya no bastaba para satisfacer las crecientes necesidades de los nuevos mercados

Но этого уже было недостаточно для удовлетворения растущих потребностей новых рынков

El sistema manufacturero sustituyó al sistema feudal de la industria

Мануфактурная система заняла место феодальной системы промышленности

Los maestros de gremio fueron empujados a un lado por la clase media manufacturera

Цеховых мастеров оттеснил в сторону промышленный средний класс

La división del trabajo entre los diferentes gremios corporativos desapareció

Разделение труда между различными корпоративными гильдиями исчезло

La división del trabajo penetraba en cada uno de los talleres

Разделение труда проникло в каждую мастерскую

Mientras tanto, los mercados seguían creciendo y la demanda seguía aumentando

Между тем, рынки продолжали расти, а спрос постоянно расти

Ni siquiera las fábricas bastaban para satisfacer las demandas

Даже заводов уже не хватало для удовлетворения потребностей

A partir de entonces, el vapor y la maquinaria revolucionaron la producción industrial

После этого пар и машины произвели революцию в промышленном производстве

El lugar de la manufactura fue ocupado por el gigante, la Industria Moderna

Место производства занял гигант «Современная индустрия»

El lugar de la clase media industrial fue ocupado por millonarios industriales

Место промышленного среднего класса заняли промышленные миллионеры

el lugar de los jefes de ejércitos industriales enteros fue ocupado por la burguesía moderna

место вождей целых промышленных армий заняла современная буржуазия

el descubrimiento de América allanó el camino para que la industria moderna estableciera el mercado mundial

Открытие Америки проложило путь современной промышленности к установлению мирового рынка

Este mercado dio un inmenso desarrollo al comercio, la navegación y la comunicación por tierra

Этот рынок дал огромное развитие торговле, мореплаванию и сухопутным коммуникациям

Este desarrollo ha repercutido, en su momento, en la extensión de la industria

В свое время это развитие отразилось на расширении промышленности

Reaccionó en proporción a cómo se extendía la industria, y cómo se extendían el comercio, la navegación y los ferrocarriles

Она реагировала пропорционально тому, как расширялась промышленность, как развивались торговля, мореплавание и железные дороги

en la misma proporción en que la burguesía se desarrolló, aumentó su capital

в той же пропорции, в какой развивалась буржуазия, она увеличивала свой капитал

y la burguesía relegó a un segundo plano a todas las clases heredadas de la Edad Media

и буржуазия оттеснила на задний план все классы, унаследованные от средневековья

por lo tanto, la burguesía moderna es en sí misma el producto de un largo curso de desarrollo

Таким образом, современная буржуазия сама является продуктом длительного развития

Vemos que es una serie de revoluciones en los modos de producción y de intercambio

Мы видим, что это ряд революций в способах производства и обмена

Cada paso de la burguesía desarrollista iba acompañado de un avance político correspondiente

Каждый шаг буржуазии в развитии сопровождался соответствующим политическим продвижением

Una clase oprimida bajo el dominio de la nobleza feudal

Угнетенный класс под властью феодальной знати

una asociación armada y autónoma en la comuna medieval

Вооруженное и самоуправляющееся объединение в средневековой коммуне

aquí, una república urbana independiente (como en Italia y Alemania)

здесь независимая городская республика (как в Италии и Германии)

allí, un "tercer estado" imponible de la monarquía (como en Francia)

там налогооблагаемое "третье сословие" монархии (как во Франции)

posteriormente, en el período de fabricación propiamente dicho

впоследствии, в период собственно изготовления

la burguesía servía a la monarquía semifeudal o a la monarquía absoluta

Буржуазия служила либо полуфеодальной, либо абсолютной монархии

o la burguesía actuaba como contrapeso contra la nobleza

или буржуазия выступала в качестве противовеса дворянству

y, de hecho, la burguesía era una piedra angular de las grandes monarquías en general

и действительно, буржуазия была краеугольным камнем великих монархий вообще

pero la industria moderna y el mercado mundial se establecieron desde entonces

но с тех пор современная промышленность и мировой рынок утвердились

y la burguesía ha conquistado para sí el dominio político exclusivo

и буржуазия завоевала для себя исключительное политическое господство

logró esta influencia política a través del Estado representativo moderno

Она добилась такого политического влияния через современное представительное государство

Los ejecutivos del Estado moderno no son más que un comité de gestión

Исполнительная власть современного государства – это всего лишь руководящий комитет

y manejan los asuntos comunes de toda la burguesía

и они управляют общими делами всей буржуазии

La burguesía, históricamente, ha desempeñado un papel muy revolucionario

Буржуазия исторически играла самую революционную роль

Dondequiera que se impuso, puso fin a todas las relaciones feudales, patriarcales e idílicas

Всюду, где она одерживала верх, она прекращала все феодальные, патриархальные и идиллические отношения

Ha roto sin piedad los abigarrados lazos feudales que unían al hombre con sus "superiores naturales"

Она безжалостно разорвала пестрые феодальные узы, связывавшие человека с его «естественными высшими»

y no ha dejado ningún nexo entre el hombre y el hombre, más allá del puro interés propio

И она не оставила никакой связи между людьми, кроме голого эгоизма

Las relaciones del hombre entre sí se han convertido en nada más que un cruel "pago en efectivo"

Отношения людей друг с другом стали не более чем бездушной «денежной платой»

Ha ahogado los éxtasis más celestiales del fervor religioso

Она заглушила самые небесные экстазы религиозного пыла

ha ahogado el entusiasmo caballeresco y el sentimentalismo filisteo

Она утопила рыцарский энтузиазм и филистерский сентиментализм

ha ahogado estas cosas en el agua helada del cálculo egoísta

Она утопила все это в ледяной воде эгоистического расчета

Ha resuelto el valor personal en valor de cambio

Она превратила личную ценность в обмениваемую ценность

Ha sustituido a las innumerables e imprescriptibles libertades estatutarias

Она пришла на смену бесчисленным и неотъемлемым хартиям свобод

y ha establecido una libertad única e inconcebible; Libre cambio

и она установила единственную, бессовестную свободу; Свободная торговля

En una palabra, lo ha hecho para la explotación

Одним словом, она сделала это для эксплуатации

explotación velada por ilusiones religiosas y políticas

эксплуатация, завуалированная религиозными и политическими иллюзиями

explotación velada por una explotación desnuda, desvergonzada, directa, brutal

эксплуатация, завуалированная голой, бесстыдной, прямой, жестокой эксплуатацией

la burguesía ha despojado de la aureola a todas las ocupaciones anteriormente honradas y veneradas

буржуазия сорвала ореол со всех ранее почитаемых и
почитаемых занятий

**el médico, el abogado, el sacerdote, el poeta y el hombre de
ciencia**

Врач, юрист, священник, поэт и ученый

**Ha convertido a estos distinguidos trabajadores en sus
trabajadores asalariados**

Она превратила этих выдающихся рабочих в своих
наемных рабочих

La burguesía ha rasgado el velo sentimental de la familia

Буржуазия сорвала сентиментальную завесу с семьи

**y ha reducido la relación familiar a una mera relación
monetaria**

И это свело семейные отношения к чисто денежным
отношениям

**el brutal despliegue de vigor en la Edad Media que tanto
admiran los reaccionarios**

жестокое проявление энергии в средние века, которым так
восхищаются реакционеры

**Aun esto encontró su complemento adecuado en la más
perezosa indolencia**

Но даже это нашло свое достойное дополнение в самой
ленивой ленивой праздности

La burguesía ha revelado cómo sucedió todo esto

Буржуазия раскрыла, как все это происходило

**La burguesía ha sido la primera en mostrar lo que la
actividad del hombre puede producir**

Буржуазия была первой, кто показал, к чему может
привести деятельность человека

**Ha logrado maravillas que superan con creces las pirámides
egipcias, los acueductos romanos y las catedrales góticas**

Он совершил чудеса, намного превосходящие египетские
пирамиды, римские акведуки и готические соборы

**y ha llevado a cabo expediciones que han hecho sombra a
todos los antiguos Éxodos de naciones y cruzadas**

и он проводил экспедиции, которые затмили все прежние Исходы народов и крестовые походы

La burguesía no puede existir sin revolucionar constantemente los instrumentos de producción

Буржуазия не может существовать без постоянной революции орудий производства

y, por lo tanto, no puede existir sin sus relaciones con la producción

и, следовательно, он не может существовать без своих отношений к производству

y, por lo tanto, no puede existir sin sus relaciones con la sociedad

И поэтому она не может существовать без своих отношений с обществом

Todas las clases industriales anteriores tenían una condición en común

Все более ранние индустриальные классы имели одно общее условие

Confiaban en la conservación de los antiguos modos de producción

Они полагались на консервацию старых способов производства

pero la burguesía trajo consigo una dinámica completamente nueva

но буржуазия принесла с собой совершенно новую динамику

Revolucionar constantemente la producción y perturbar ininterrumpidamente todas las condiciones sociales

Постоянная революция в производстве и непрерывное нарушение всех социальных условий

esta eterna incertidumbre y agitación distingue a la época burguesa de todas las anteriores

эта вечная неопределенность и волнение отличает эпоху буржуазии от всех предшествующих эпох

Las relaciones previas con la producción vinieron acompañadas de antiguos y venerables prejuicios y opiniones

Прежние отношения с производством были связаны с древними и почтенными предрассудками и мнениями

Pero todas estas relaciones fijas y congeladas son barridas

Но все эти фиксированные, быстро застывшие отношения сметаются

Todas las relaciones recién formadas se vuelven anticuadas antes de que puedan osificarse

Все новообразованные отношения устаревают, не успев закостенеть

Todo lo que es sólido se derrite en el aire, y todo lo que es santo es profanado

Все твердое растворяется в воздухе, и все святое оскверняется

El hombre se ve finalmente obligado a afrontar con sus sentidos sobrios sus verdaderas condiciones de vida

В конце концов человек вынужден трезво взглянуть в лицо своим реальным условиям жизни

y se ve obligado a afrontar sus relaciones con los de su especie

и он вынужден смотреть в лицо своим отношениям с себе подобными

La burguesía necesita constantemente ampliar sus mercados para sus productos

Буржуазия постоянно нуждается в расширении рынков сбыта своей продукции

y, debido a esto, la burguesía es perseguida por toda la superficie del globo

и из-за этого буржуазию гонят по всей поверхности земного шара

La burguesía debe anidar en todas partes, establecerse en todas partes, establecer conexiones en todas partes

Буржуазия должна всюду гнездиться, всюду селиться, везде устанавливать связи

La burguesía debe crear mercados en todos los rincones del mundo para explotar

Буржуазия должна создавать рынки во всех уголках мира для эксплуатации

La producción y el consumo en todos los países han adquirido un carácter cosmopolita

Производство и потребление в каждой стране приобрели космополитический характер

el disgusto de los reaccionarios es palpable, pero ha continuado a pesar de todo

Огорчение реакционеров ощутимо, но оно продолжается, несмотря на все

La burguesía ha sacado de debajo de los pies de la industria el terreno nacional en el que se encontraba

Буржуазия вытащила из-под ног промышленности ту национальную почву, на которой она стояла

Todas las industrias nacionales de vieja data han sido destruidas, o están siendo destruidas diariamente

Все старые национальные отрасли промышленности разрушены или разрушаются ежедневно

Todas las viejas industrias nacionales son desplazadas por las nuevas industrias

Все старые национальные отрасли вытесняются новыми отраслями промышленности

Su introducción se convierte en una cuestión de vida o muerte para todas las naciones civilizadas

Их введение становится вопросом жизни и смерти для всех цивилизованных народов

son desalojados por industrias que ya no trabajan con materia prima autóctona

Их вытесняют отрасли, которые больше не перерабатывают местное сырье

En cambio, estas industrias extraen materias primas de las zonas más remotas

Вместо этого эти отрасли добывают сырье из самых отдаленных зон

industrias cuyos productos se consumen, no solo en el país, sino en todos los rincones del mundo

отрасли, продукция которых потребляется не только у себя дома, но и во всех уголках земного шара

En lugar de las viejas necesidades, satisfechas por las producciones del país, encontramos nuevas necesidades

На смену прежним потребностям, удовлетворяемым произведениями страны, мы приходим новые потребности

Estas nuevas necesidades requieren para su satisfacción los productos de tierras y climas lejanos

Эти новые потребности требуют для своего удовлетворения продуктов дальних стран и климатов

En lugar de la antigua reclusión y autosuficiencia local y nacional, tenemos el comercio

Вместо прежней местной и национальной замкнутости и самодостаточности мы имеем торговлю

intercambio internacional en todas las direcciones; Interdependencia universal de las naciones

международный обмен во всех направлениях; Всеобщая взаимозависимость наций

Y así como dependemos de los materiales, también dependemos de la producción intelectual

И точно так же, как мы зависим от материалов, мы зависим от интеллектуального производства

Las creaciones intelectuales de las naciones individuales se convierten en propiedad común

Интеллектуальные творения отдельных народов становятся общим достоянием

La unilateralidad nacional y la estrechez de miras se vuelven cada vez más imposibles

Национальная односторонность и ограниченность становятся все более невозможными

y de las numerosas literaturas nacionales y locales, surge una literatura mundial

А из многочисленных национальных и местных литератур возникает мировая литература

por el rápido perfeccionamiento de todos los instrumentos de producción

быстрым совершенствованием всех орудий производства

por los medios de comunicación inmensamente facilitados

с помощью чрезвычайно облегченных средств связи

La burguesía atrae a todos (incluso a las naciones más bárbaras) a la civilización

Буржуазия вовлекает в цивилизацию всех (даже самые варварские народы)

Los precios baratos de sus mercancías; la artillería pesada que derriba todas las murallas chinas

Дешевые цены на его товары; тяжелая артиллерия, которая сокрушает все китайские стены

El odio intensamente obstinado de los bárbaros hacia los extranjeros se ve obligado a capitular

Упорная ненависть варваров к чужеземцам вынуждена капитулировать

Obliga a todas las naciones, bajo pena de extinción, a adoptar el modo de producción burgués

Она вынуждает все нации под страхом исчезновения перейти к буржуазному способу производства

los obliga a introducir lo que llama civilización en su seno

Она вынуждает их ввести в свою среду то, что она называет цивилизацией

La burguesía obliga a los bárbaros a convertirse ellos mismos en burgueses

Буржуазия заставляет варваров самим стать буржуазией

en una palabra, la burguesía crea un mundo a su imagen y semejanza

одним словом, буржуазия создает мир по своему образу и подобию

La burguesía ha sometido el campo al dominio de las ciudades

Буржуазия подчинила деревню господству городов

Ha creado enormes ciudades y ha aumentado considerablemente la población urbana

Она создала огромные города и значительно увеличила городское население

Rescató a una parte considerable de la población de la idiotez de la vida rural

Она спасла значительную часть населения от идиотизма сельской жизни

pero ha hecho que los del campo dependan de las ciudades

Но это сделало тех, кто жил в сельской местности, зависимыми от городов

y asimismo, ha hecho que los países bárbaros dependan de los civilizados

Точно так же она поставила варварские страны в зависимость от цивилизованных

naciones de campesinos sobre naciones de la burguesía, el Este sobre el Oeste

нации крестьян на нации буржуазии, Восток на Запад

La burguesía suprime cada vez más el estado disperso de la población

Буржуазия все больше и больше уничтожает раздробленность населения

Ha aglomerado la producción y ha concentrado la propiedad en pocas manos

Она имеет агломерированное производство и концентрирует собственность в немногих руках

La consecuencia necesaria de esto fue la centralización política

Неизбежным следствием этого стала политическая централизация

Había habido naciones independientes y provincias poco conectadas

Существовали независимые государства и слабо связанные между собой провинции

Tenían intereses, leyes, gobiernos y sistemas tributarios separados

У них были свои интересы, законы, правительства и системы налогообложения

pero se han agrupado en una sola nación, con un solo gobierno

Но они слились в одну нацию, с одним правительством

Ahora tienen un interés nacional de clase, una frontera y un arancel aduanero

Теперь у них один национальный классовый интерес, одна граница и один таможенный тариф

Y este interés nacional de clase está unificado bajo un solo código de leyes

И этот национальный классовый интерес объединен в одном своде законов

la burguesía ha logrado mucho durante su gobierno de apenas cien años

Буржуазия многого добилась за время своего правления, которое длилось всего сто лет

fuerzas productivas más masivas y colosales que todas las generaciones precedentes juntas

более массивных и колоссальных производительных сил, чем у всех предшествующих поколений вместе взятых

Las fuerzas de la naturaleza están subyugadas a la voluntad del hombre y su maquinaria

Силы природы подчинены воле человека и его механизмов

La química se aplica a todas las formas de industria y tipos de agricultura

Химия применяется во всех формах промышленности и видах сельского хозяйства

la navegación a vapor, los ferrocarriles, los telégrafos eléctricos y la imprenta

пароходство, железные дороги, электрический телеграф и печатный станок

desbroce de continentes enteros para el cultivo, canalización de ríos

расчистка целых континентов для возделывания, канализация рек

Poblaciones enteras han sido sacadas de la tierra y puestas a trabajar

Целые народы были вызваны из земли и принуждены к работе

¿Qué siglo anterior tuvo siquiera un presentimiento de lo que podría desencadenarse?

Какое предыдущее столетие имело хотя бы предчувствие того, что может быть выпущено на свободу?

¿Quién predijo que tales fuerzas productivas dormitaban en el regazo del trabajo social?

Кто предсказал, что такие производительные силы дремлют на лоне общественного труда?

Vemos, pues, que los medios de producción y de intercambio se generaban en la sociedad feudal

Итак, мы видим, что средства производства и обмена были созданы в феодальном обществе

los medios de producción sobre cuyos cimientos se construyó la burguesía

средства производства, на фундаменте которых строилась буржуазия

En una determinada etapa del desarrollo de estos medios de producción y de intercambio

На определенном этапе развития этих средств производства и обмена

las condiciones bajo las cuales la sociedad feudal producía e intercambiaba

условия, в которых феодальное общество производило и обменивало

La organización feudal de la agricultura y la industria manufacturera

феодальная организация сельского хозяйства и обрабатывающей промышленности

Las relaciones feudales de propiedad ya no eran compatibles con las condiciones materiales

Феодальные отношения собственности уже не соответствовали материальным условиям

Tuvieron que ser reventados en pedazos, por lo que fueron reventados en pedazos

Они должны были быть разорваны на части, поэтому они были разорваны на части

En su lugar entró la libre competencia de las fuerzas productivas

На их место пришла свободная конкуренция со стороны производительных сил

y fueron acompañadas de una constitución social y política adaptada a ella

И они сопровождались приспособленной к нему социальной и политической конституцией

y fue acompañado por el dominio económico y político de la burguesía

и это сопровождалось экономическим и политическим господством класса буржуазии

Un movimiento similar está ocurriendo ante nuestros propios ojos

Подобное движение происходит на наших глазах

La sociedad burguesa moderna con sus relaciones de producción, de intercambio y de propiedad

Современное буржуазное общество с его производственными отношениями, отношениями обмена и собственности

una sociedad que ha conjurado medios de producción y de intercambio tan gigantescos

общество, которое создало такие гигантские средства производства и обмена

Es como el hechicero que invocó los poderes del mundo inferior

Это похоже на колдуна, который призвал силы нижнего мира

Pero ya no es capaz de controlar lo que ha traído al mundo

Но он больше не в состоянии контролировать то, что принес в мир

Durante muchas décadas, la historia pasada estuvo unida por un hilo conductor

На протяжении многих десятилетий прошлые истории были связаны общей нитью

La historia de la industria y del comercio no ha sido más que la historia de las revueltas

История промышленности и торговли была не чем иным, как историей восстаний

las revueltas de las fuerzas productivas modernas contra las condiciones modernas de producción

Восстания современных производительных сил против современных условий производства

Las revueltas de las fuerzas productivas modernas contra las relaciones de propiedad

Восстания современных производительных сил против отношений собственности

estas relaciones de propiedad son las condiciones para la existencia de la burguesía

эти отношения собственности являются условиями существования буржуазии

y la existencia de la burguesía determina las reglas de las relaciones de propiedad

а существование буржуазии определяет правила отношений собственности

Baste mencionar el retorno periódico de las crisis comerciales

Достаточно упомянуть о периодическом возвращении торговых кризисов

cada crisis comercial es más amenazante para la sociedad burguesa que la anterior

Каждый торговый кризис угрожает буржуазному обществу больше, чем предыдущий.

En estas crisis se destruye gran parte de los productos existentes

В этих кризисах уничтожается большая часть существующих продуктов

Pero estas crisis también destruyen las fuerzas productivas previamente creadas

Но эти кризисы разрушают и ранее созданные производительные силы

En todas las épocas anteriores, estas epidemias habrían parecido un absurdo

Во все прежние эпохи эти эпидемии казались бы абсурдом

porque estas epidemias son las crisis comerciales de la sobreproducción

Потому что эти эпидемии являются коммерческими кризисами перепроизводства

De repente, la sociedad se encuentra de nuevo en un estado de barbarie momentánea

Общество внезапно оказывается вновь ввергнутым в состояние сиюминутного варварства

como si una guerra universal de devastación hubiera cortado todos los medios de subsistencia

как если бы всеобщая война на опустошение отрезала все средства к существованию

la industria y el comercio parecen haber sido destruidos; ¿Y por qué?

промышленность и торговля, по-видимому, были разрушены; А почему?

Porque hay demasiada civilización y medios de subsistencia

Потому что там слишком много цивилизации и средств к существованию

y porque hay demasiada industria y demasiado comercio

и потому, что здесь слишком много промышленности и слишком много торговли

Las fuerzas productivas a disposición de la sociedad ya no desarrollan la propiedad burguesa

Производительные силы, находящиеся в распоряжении общества, больше не развивают буржуазную собственность

por el contrario, se han vuelto demasiado poderosos para estas condiciones, por las cuales están encadenados

напротив, они стали слишком сильными для тех условий, которыми они скованы

tan pronto como superan estas cadenas, traen el desorden a toda la sociedad burguesa

как только они преодолевают эти оковы, они вносят беспорядок во все буржуазное общество

y las fuerzas productivas ponen en peligro la existencia de la propiedad burguesa

производительные силы ставят под угрозу существование буржуазной собственности

Las condiciones de la sociedad burguesa son demasiado estrechas para abarcar la riqueza creada por ellas

Условия буржуазного общества слишком узки, чтобы вместить в себя созданное ими богатство

¿Y cómo supera la burguesía estas crisis?

И как буржуазия преодолевает эти кризисы?

Por un lado, supera estas crisis mediante la destrucción forzada de una masa de fuerzas productivas

С одной стороны, она преодолевает эти кризисы насильственным уничтожением массы производительных сил

por otro lado, supera estas crisis mediante la conquista de nuevos mercados

С другой стороны, она преодолевает эти кризисы путем завоевания новых рынков

y supera estas crisis mediante la explotación más completa de las viejas fuerzas productivas

И эти кризисы она преодолевает путем более тщательной эксплуатации старых производительных сил

Es decir, allanando el camino para crisis más extensas y destructivas

Иными словами, прокладывая путь к более обширным и более разрушительным кризисам

supera la crisis disminuyendo los medios para prevenir las crisis

Она преодолевает кризис, уменьшая средства, с помощью которых кризисы предотвращаются

Las armas con las que la burguesía derribó el feudalismo se vuelven ahora contra sí misma

Оружие, которым буржуазия повергла феодализм в землю, теперь обращено против нее самой

Pero la burguesía no sólo ha forjado las armas que le dan la muerte

Но не только буржуазия выковала оружие, несущее ей смерть

También ha llamado a la existencia a los hombres que han de empuñar esas armas

Она также вызвала к жизни людей, которые должны владеть этим оружием

Y estos hombres son la clase obrera moderna; Son los proletarios

И эти люди и есть современный рабочий класс; Это пролетарии

En la misma proporción en que se desarrolla la burguesía, en la misma proporción se desarrolla el proletariado

По мере развития буржуазии развивается и пролетариат

La clase obrera moderna desarrolló una clase de trabajadores

Современный рабочий класс развил класс рабочих

Esta clase de obreros vive sólo mientras encuentran trabajo

Этот класс рабочих живет лишь до тех пор, пока они находят работу

y sólo encuentran trabajo mientras su trabajo aumenta el capital

И они находят работу лишь до тех пор, пока их труд увеличивает капитал

Estos obreros, que deben venderse a destajo, son una mercancía

Эти рабочие, которые должны продавать себя по частям, являются товаром

Estos obreros son como cualquier otro artículo de comercio

Эти рабочие подобны всякому другому предмету торговли

y, en consecuencia, están expuestos a todas las vicisitudes de la competencia

и, следовательно, они подвержены всем превратностям конкуренции

Tienen que capear todas las fluctuaciones del mercado

Они должны выдержать все колебания рынка

Debido al uso extensivo de maquinaria y a la división del trabajo

Благодаря широкому применению машин и разделению труда

El trabajo de los proletarios ha perdido todo carácter individual

Работа пролетариев утратила всякий индивидуальный характер

y, en consecuencia, el trabajo de los proletarios ha perdido todo encanto para el obrero

Следовательно, труд пролетариев утратил всякую прелесть для рабочего

Se convierte en un apéndice de la máquina, en lugar del hombre que una vez fue

Он становится придатком машины, а не человеком, которым он когда-то был

Sólo se requiere de él la habilidad más simple, monótona y más fácil de adquirir

От него требуется только самая простая, однообразная и самая легко приобретаемая сноровка

Por lo tanto, el costo de producción de un trabajador está restringido

Следовательно, издержки производства рабочего ограничены

se restringe casi por completo a los medios de subsistencia que necesita para su manutención

оно почти целиком ограничивается теми жизненными средствами, которые необходимы ему для его содержания

y se restringe a los medios de subsistencia que necesita para la propagación de su raza

и оно ограничивается средствами существования, которые необходимы ему для продолжения рода

Pero el precio de una mercancía, y por lo tanto también del trabajo, es igual a su costo de producción

Но цена товара, а следовательно, и труда равна издержкам его производства

Por lo tanto, a medida que aumenta la repulsividad del trabajo, disminuye el salario

Следовательно, по мере того, как возрастает отвращение к труду, уменьшается и заработная плата

Es más, la repulsión de su obra aumenta a un ritmo aún mayor

Более того, отвратительность его работы возрастает с еще большей скоростью

A medida que aumenta el uso de maquinaria y la división del trabajo, también lo hace la carga del trabajo

По мере роста использования машин и разделения труда возрастает и бремя тяжелого труда

La carga del trabajo se incrementa con la prolongación de las horas de trabajo

Тяжесть тяжелого труда увеличивается за счет удлинения рабочего дня

Se espera más del obrero en el mismo tiempo que antes

В то же время, как и раньше, от рабочего ожидается больше, чем раньше

Y, por supuesto, la carga del trabajo aumenta por la velocidad de la maquinaria

И, конечно же, тяжесть труда увеличивается из-за скорости машин

La industria moderna ha convertido el pequeño taller del amo patriarcal en la gran fábrica del capitalista industrial

Современная промышленность превратила маленькую мастерскую патриархального хозяина в большую фабрику промышленного капиталиста

Las masas de obreros, hacinados en la fábrica, están organizadas como soldados

Массы рабочих, скученные на фабрике, организованы, как солдаты

Como soldados rasos del ejército industrial están bajo el mando de una jerarquía perfecta de oficiales y sargentos

Как рядовые промышленной армии, они подчиняются совершенной иерархии офицеров и сержантов

no sólo son esclavos de la burguesía y del Estado

они не только рабы класса буржуазии и государства

pero también son esclavizados diariamente y cada hora por la máquina

Но они также ежедневно и ежечасно порабощаются машиной

están esclavizados por el vigilante y, sobre todo, por el propio fabricante burgués

они порабощены надсмотрщиком и, прежде всего, самим буржуазным фабрикантом

Cuanto más abiertamente proclama este despotismo que la ganancia es su fin y su fin, tanto más mezquino, más odioso y más amargo es

Чем более открыто этот деспотизм провозглашает выгоду своей целью и целью, тем он мелочнее, тем ненавистнее и ожесточенее

Cuanto más se desarrolla la industria moderna, menores son las diferencias entre los sexos

Чем более развитой становится современная промышленность, тем меньше различия между полами

Cuanto menor es la habilidad y el ejercicio de la fuerza implícitos en el trabajo manual, tanto más el trabajo de los hombres es reemplazado por el de las mujeres

Чем меньше мастерства и напряжения сил
подразумевается в ручном труде, тем больше труд
мужчин вытесняется трудом женщин

**Las diferencias de edad y sexo ya no tienen ninguna validez
social distintiva para la clase obrera**

Возрастные и половые различия больше не имеют какой-
либо отличительной социальной значимости для рабочего
класса

**Todos son instrumentos de trabajo, más o menos costosos de
usar, según su edad y sexo**

Все они являются орудиями труда, более или менее
дорогими в использовании, в зависимости от их возраста и
пола

**tan pronto como el obrero recibe su salario en efectivo, es
atacado por las otras partes de la burguesía**

Как только рабочий получает свою заработную плату
наличными, на него нападают другие части буржуазии

el propietario, el tendero, el prestamista, etc

Арендодатель, лавочник, ростовщик и т.д

**Los estratos más bajos de la clase media; los pequeños
comerciantes y tenderos**

Низшие слои среднего класса; мелкие торговцы и
лавочники

**los comerciantes jubilados en general, y los artesanos y
campesinos**

вообще отставные торговцы, а также ремесленники и
крестьяне

todo esto se hunde poco a poco en el proletariado

все это постепенно погружается в пролетариат

**en parte porque su minúsculo capital no basta para la escala
en que se desarrolla la industria moderna**

отчасти потому, что их крошечный капитал недостаточен
для тех масштабов, в которых развивается современная
промышленность

**y porque está inundada en la competencia con los grandes
capitalistas**

и потому, что она погрязла в конкуренции с крупными капиталистами

en parte porque sus habilidades especializadas se vuelven inútiles por los nuevos métodos de producción

Отчасти потому, что их специализированное мастерство становится бесполезным из-за новых методов производства

De este modo, el proletariado es reclutado entre todas las clases de la población

Таким образом, пролетариат рекрутируется из всех классов населения

El proletariado pasa por varias etapas de desarrollo

Пролетариат проходит различные ступени развития

Con su nacimiento comienza su lucha con la burguesía

С его рождения начинается его борьба с буржуазией

Al principio, la contienda es llevada a cabo por trabajadores individuales

Сначала состязание ведется отдельными рабочими

Entonces el concurso es llevado a cabo por los obreros de una fábrica

Затем конкурс ведут рабочие фабрики

Entonces la contienda es llevada a cabo por los operarios de un oficio, en una localidad

Затем конкурс проводится рабочими одной профессии, в одном населенном пункте

y la contienda es entonces contra la burguesía individual que los explota directamente

и тогда борьба идет против отдельной буржуазии, которая непосредственно эксплуатирует ее

No dirigen sus ataques contra las condiciones de producción de la burguesía

Они направляют свои нападки не против буржуазных условий производства

pero dirigen su ataque contra los propios instrumentos de producción

Но они направляют свои нападки против самих орудий производства

destruyen mercancías importadas que compiten con su mano de obra

Они уничтожают импортные товары, которые конкурируют с их трудом

Hacen pedazos la maquinaria y prenden fuego a las fábricas

Они разбивают машины и поджигают заводы

tratan de restaurar por la fuerza el estado desaparecido del obrero de la Edad Media

они стремятся силой восстановить исчезнувший статус средневекового рабочего

En esta etapa, los obreros forman todavía una masa incoherente dispersa por todo el país

На этой ступени рабочие еще образуют бессвязную массу, разбросанную по всей стране

y se rompen por su mutua competencia

и они раздроблены взаимной конкуренцией

Si en alguna parte se unen para formar cuerpos más compactos, esto no es todavía la consecuencia de su propia unión activa

Если где-то они и объединяются, образуя более компактные тела, то это еще не является следствием их собственного активного союза

pero es una consecuencia de la unión de la burguesía, para alcanzar sus propios fines políticos

но это следствие объединения буржуазии для достижения своих собственных политических целей

la burguesía se ve obligada a poner en movimiento a todo el proletariado

Буржуазия вынуждена приводить в движение весь пролетариат

y además, por un momento, la burguesía es capaz de hacerlo

и более того, до поры до времени буржуазия в состоянии это делать

Por lo tanto, en esta etapa, los proletarios no luchan contra sus enemigos

Поэтому на этой стадии пролетарии не борются со своими врагами

sino que están luchando contra los enemigos de sus enemigos

Но вместо этого они сражаются с врагами своих врагов

la lucha contra los restos de la monarquía absoluta y los terratenientes

Борьба с остатками абсолютной монархии и помещиками

luchan contra la burguesía no industrial; la pequeña burguesía

они борются с непромышленной буржуазией; мелкая буржуазия

De este modo, todo el movimiento histórico se concentra en manos de la burguesía

Таким образом, все историческое движение сосредоточено в руках буржуазии

cada victoria así obtenida es una victoria para la burguesía

Каждая победа, одержанная таким образом, есть победа буржуазии

Pero con el desarrollo de la industria, el proletariado no sólo aumenta en número

Но с развитием промышленности пролетариат не только увеличивается в численности

el proletariado se concentra en grandes masas y su fuerza crece

Пролетариат концентрируется в больших массах, и его сила растет

y el proletariado siente cada vez más esa fuerza

и пролетариат все больше и больше чувствует эту силу

Los diversos intereses y condiciones de vida en las filas del proletariado se igualan cada vez más

Различные интересы и условия жизни в рядах пролетариата все более и более уравниваются

se vuelven más proporcionales a medida que la maquinaria borra todas las distinciones de trabajo

Они становятся все более и более пропорциональными по мере того, как машины уничтожают все различия в труде

y la maquinaria reduce los salarios al mismo nivel bajo en casi todas partes

и машины почти везде понижают заработную плату до того же низкого уровня

La creciente competencia entre la burguesía, y las crisis comerciales resultantes, hacen que los salarios de los obreros sean cada vez más fluctuantes

Растущая конкуренция среди буржуазии и вызванные ею торговые кризисы делают заработную плату рабочих все более колеблющейся

La mejora incesante de la maquinaria, que se desarrolla cada vez más rápidamente, hace que sus medios de vida sean cada vez más precarios

Непрестанное совершенствование машин, все более быстро развивающихся, делает их средства к существованию все более и более ненадежными

los choques entre obreros individuales y burgueses individuales toman cada vez más el carácter de choques entre dos clases

столкновения между отдельными рабочими и отдельной буржуазией все более и более приобретают характер столкновений между двумя классами

A partir de ese momento, los obreros comienzan a formar uniones (sindicatos) contra la burguesía

После этого рабочие начинают создавать союзы (тред-юнионы) против буржуазии

se agrupan para mantener el ritmo de los salarios

Они объединяются для того, чтобы поддерживать уровень заработной платы

Fundaron asociaciones permanentes para hacer frente de antemano a estas revueltas ocasionales

Они создавали постоянные ассоциации, чтобы заранее
подготовиться к этим случайным восстаниям
Aquí y allá la contienda estalla en disturbios
То тут, то там соперничество перерастает в беспорядки
**De vez en cuando los obreros salen victoriosos, pero sólo por
un tiempo**
Время от времени рабочие одерживают победу, но только
на время
**El verdadero fruto de sus batallas no reside en el resultado
inmediato, sino en la unión cada vez mayor de los
trabajadores**
Действительный плод их борьбы заключается не в
непосредственном результате, а во все более
расширяющемся союзе рабочих
**Esta unión se ve favorecida por la mejora de los medios de
comunicación creados por la industria moderna**
Этому союзу способствуют усовершенствованные средства
сообщения, созданные современной промышленностью
**La comunicación moderna pone en contacto a los
trabajadores de diferentes localidades**
Современные коммуникации позволяют рабочим разных
населенных пунктов соприкасаться друг с другом
**Era precisamente este contacto el que se necesitaba para
centralizar las numerosas luchas locales en una lucha
nacional entre clases**
Именно этот контакт был необходим для того, чтобы
централизовать многочисленную локальную борьбу в одну
национальную борьбу между классами
**Todas estas luchas tienen el mismo carácter, y toda lucha de
clases es una lucha política**
Все эти виды борьбы носят один и тот же характер, и
всякая классовая борьба есть борьба политическая
**los burgueses de la Edad Media, con sus miserables
carreteras, necesitaron siglos para formar sus uniones**
Средневековым бюргеры с их жалкими дорогами
потребовались столетия, чтобы образовать свои союзы

Los proletarios modernos, gracias a los ferrocarriles, logran sus sindicatos en pocos años

Современные пролетарии, благодаря железным дорогам, добиваются своих союзов в течение нескольких лет

Esta organización de los proletarios en una clase los formó, por consiguiente, en un partido político

Эта организация пролетариев в класс превратила их в политическую партию

La clase política se ve continuamente molesta por la competencia entre los propios trabajadores

Политический класс постоянно расстраивается из-за конкуренции между самими рабочими

Pero la clase política sigue levantándose de nuevo, más fuerte, más firme, más poderosa

Но политический класс продолжает подниматься, становясь сильнее, тверже и могущественнее

Obliga al reconocimiento legislativo de los intereses particulares de los trabajadores

Она вынуждает законодательно признать особые интересы трудящихся

lo hace aprovechándose de las divisiones en el seno de la propia burguesía

она делает это, пользуясь расколом внутри самой буржуазии

De este modo, el proyecto de ley de las diez horas en Inglaterra se convirtió en ley

Таким образом, в Англии был принят закон о десятичасовом рабочем дне

en muchos sentidos, las colisiones entre las clases de la vieja sociedad son, además, el curso del desarrollo del proletariado

во многом столкновения между классами старого общества являются дальнейшим ходом развития пролетариата

La burguesía se ve envuelta en una batalla constante

Буржуазия оказывается вовлеченной в постоянную борьбу

Al principio se verá envuelto en una batalla constante con la aristocracia

Сначала она окажется вовлеченной в постоянную борьбу с аристократией

más tarde se verá envuelta en una batalla constante con esas partes de la propia burguesía

в дальнейшем она окажется вовлеченной в постоянную борьбу с теми частями самой буржуазии,

y sus intereses se habrán vuelto antagónicos al progreso de la industria

и их интересы станут антагонистичными по отношению к прогрессу промышленности

en todo momento, sus intereses se habrán vuelto antagónicos con la burguesía de los países extranjeros

во все времена их интересы будут антагонистически относиться к буржуазии зарубежных стран

En todas estas batallas se ve obligado a apelar al proletariado y pide su ayuda

Во всех этих битвах она считает себя вынужденной взывать к пролетариату и просит у него помощи

y, por lo tanto, se sentirá obligado a arrastrarlo a la arena política

и, таким образом, она будет чувствовать себя вынужденной втянуть его на политическую арену

La burguesía misma, por lo tanto, suministra al proletariado sus propios instrumentos de educación política y general

Таким образом, буржуазия сама снабжает пролетариат своими орудиями политического и общего воспитания

en otras palabras, suministra al proletariado armas para luchar contra la burguesía

другими словами, она снабжает пролетариат оружием для борьбы с буржуазией

Además, como ya hemos visto, sectores enteros de las clases dominantes se precipitan en el proletariado

Далее, как мы уже видели, целые слои господствующих классов втягиваются в пролетариат

el avance de la industria los absorbe en el proletariado
развитие промышленности засасывает их в пролетариат
o, al menos, están amenazados en sus condiciones de
existencia
Или, по крайней мере, они находятся под угрозой в
условиях своего существования
Estos también suministran al proletariado nuevos elementos
de ilustración y progreso
Они также дают пролетариату новые элементы
просвещения и прогресса
Finalmente, en momentos en que la lucha de clases se acerca
a la hora decisiva
Наконец, во времена, когда классовая борьба
приближается к решающему часу
el proceso de disolución que se está llevando a cabo en el
seno de la clase dominante
Процесс разложения, происходящий внутри правящего
класса
De hecho, la disolución que se está produciendo en el seno
de la clase dominante se sentirá en toda la sociedad
На самом деле, разложение, происходящее внутри
правящего класса, будет ощущаться во всем обществе
Tomará un carácter tan violento y deslumbrante, que un
pequeño sector de la clase dominante se quedará a la deriva
Она примет такой жестокий, вопиющий характер, что
небольшая часть правящего класса откажется от нее
y esa clase dominante se unirá a la clase revolucionaria
И этот правящий класс присоединится к
революционному классу
La clase revolucionaria es la clase que tiene el futuro en sus
manos
Революционный класс — это класс, который держит
будущее в своих руках
Al igual que en un período anterior, una parte de la nobleza
se pasó a la burguesía

Как и в прежние времена, часть дворянства перешла на сторону буржуазии

de la misma manera que una parte de la burguesía se pasará al proletariado

точно так же часть буржуазии перейдет на сторону пролетариата

en particular, una parte de la burguesía pasará a una parte de los ideólogos de la burguesía

в частности, часть буржуазии перейдет на сторону части идеологов буржуазии

Ideólogos burgueses que se han elevado al nivel de comprender teóricamente el movimiento histórico en su conjunto

Идеологи буржуазии, поднявшиеся до уровня теоретического осмысления исторического движения в целом

De todas las clases que hoy se encuentran frente a frente con la burguesía, sólo el proletariado es una clase realmente revolucionaria

Из всех классов, стоящих сегодня лицом к лицу с буржуазией, только пролетариат является действительно революционным классом

Las otras clases decaen y finalmente desaparecen frente a la industria moderna

Другие классы разлагаются и в конце концов исчезают перед лицом современной промышленности

el proletariado es su producto especial y esencial

Пролетариат есть его особый и существенный продукт

La clase media baja, el pequeño fabricante, el tendero, el artesano, el campesino

Низший средний класс, мелкий фабрикант, лавочник, ремесленник, крестьянин

todos ellos luchan contra la burguesía

все эти борются с буржуазией

Luchan como fracciones de la clase media para salvarse de la extinción

Они борются как фракции среднего класса, чтобы спасти себя от вымирания

Por lo tanto, no son revolucionarios, sino conservadores

Поэтому они не революционные, а консервативные

Más aún, son reaccionarios, porque tratan de hacer retroceder la rueda de la historia

Более того, они реакционны, потому что пытаются повернуть колесо истории вспять

Si por casualidad son revolucionarios, lo son sólo en vista de su inminente transferencia al proletariado

Если они случайно и являются революционными, то только ввиду их предстоящего перехода в пролетариат

Por lo tanto, no defienden sus intereses presentes, sino sus intereses futuros

Таким образом, они защищают не свои настоящие, а будущие интересы

abandonan su propio punto de vista para situarse en el del proletariado

они отказываются от своей собственной точки зрения, чтобы встать на точку зрения пролетариата

La "clase peligrosa", la escoria social, esa masa pasivamente putrefacta arrojada por las capas más bajas de la vieja sociedad

«Опасный класс», социальная мразь, эта пассивно гниющая масса, отбрасываемая низшими слоями старого общества

pueden, aquí y allá, ser arrastrados al movimiento por una revolución proletaria

Кое-где они могут быть втянуты в движение пролетарской революцией

Sus condiciones de vida, sin embargo, la preparan mucho más para el papel de un instrumento sobornado de la intriga reaccionaria

Однако условия ее жизни в гораздо большей степени подготавливают ее к роли подкупленного орудия реакционных интриг

En las condiciones del proletariado, los de la vieja sociedad en general están ya virtualmente desbordados

В условиях пролетариата старое общество в целом уже фактически затоплено

El proletario carece de propiedad

Пролетарий без собственности

su relación con su mujer y sus hijos ya no tiene nada en común con las relaciones familiares de la burguesía

его отношение к жене и детям уже не имеет ничего общего с семейными отношениями буржуазии

el trabajo industrial moderno, el sometimiento moderno al capital, lo mismo en Inglaterra que en Francia, en Estados Unidos como en Alemania

современный промышленный труд, современное подчинение капиталу, то же самое в Англии, как и во Франции, в Америке, как и в Германии

Su condición en la sociedad lo ha despojado de todo rastro de carácter nacional

Его положение в обществе лишило его всех следов национального характера

El derecho, la moral, la religión, son para él otros tantos prejuicios burgueses

Закон, мораль, религия — вот для него множество буржуазных предрассудков

y detrás de estos prejuicios acechan emboscados otros tantos intereses burgueses

и за этими предрассудками скрываются в засаде столько же интересов буржуазии

Todas las clases precedentes que se impusieron trataron de fortalecer su estatus ya adquirido

Все предшествующие классы, одержавшие верх, стремились укрепить свой уже приобретенный статус

Lo hicieron sometiendo a la sociedad en general a sus condiciones de apropiación

Они сделали это, подчинив общество в целом своим условиям присвоения

Los proletarios no pueden llegar a ser dueños de las fuerzas productivas de la sociedad

Пролетарии не могут стать хозяевами производительных сил общества

sólo puede hacerlo aboliendo su propio modo anterior de apropiación

Она может сделать это, только упразднив свой прежний способ присвоения

y, por lo tanto, también suprime cualquier otro modo anterior de apropiación

Тем самым она упраздняет и все другие прежние способы присвоения

No tienen nada propio que asegurar y fortificar

У них нет ничего своего, что можно было бы обезопасить и укрепить

Su misión es destruir todos los valores y seguros anteriores de la propiedad individual

Их миссия состоит в том, чтобы уничтожить все предыдущие гарантии и страховки индивидуального имущества

Todos los movimientos históricos anteriores fueron movimientos de minorías

Все предыдущие исторические движения были движениями меньшинств

o eran movimientos en interés de las minorías

или это были движения в интересах меньшинств

El movimiento proletario es el movimiento consciente e independiente de la inmensa mayoría

Пролетарское движение есть сознательное, самостоятельное движение громадного большинства

Y es un movimiento en interés de la inmensa mayoría

И это движение в интересах огромного большинства

El proletariado, el estrato más bajo de nuestra sociedad actual

Пролетариат, низший слой нашего современного общества

no puede agitarse ni elevarse sin que todos los estratos superiores de la sociedad oficial salgan al aire

Она не может ни пошевелиться, ни возвыситься без того, чтобы в воздух не были подняты все вышестоящие слои официального общества

Aunque no en el fondo, sí en la forma, la lucha del proletariado con la burguesía es, al principio, una lucha nacional

Хотя и не по существу, но по форме, борьба пролетариата с буржуазией есть сначала национальная борьба

El proletariado de cada país debe, por supuesto, en primer lugar arreglar las cosas con su propia burguesía

Пролетариат каждой страны должен, конечно, прежде всего уладить дела со своей буржуазией

Al describir las fases más generales del desarrollo del proletariado, hemos trazado la guerra civil más o menos velada

Изображая самые общие фазы развития пролетариата, мы прослеживали более или менее завуалированную гражданскую войну

Este civil está haciendo estragos dentro de la sociedad existente

Это гражданское насилие бушует в существующем обществе

Se enfurecerá hasta el punto en que esa guerra estalle en una revolución abierta

Она будет бушевать до тех пор, пока эта война не перерастет в открытую революцию

y luego el derrocamiento violento de la burguesía sienta las bases para el dominio del proletariado

и тогда насильственное свержение буржуазии закладывает основу господству пролетариата

Hasta ahora, todas las formas de sociedad se han basado, como ya hemos visto, en el antagonismo de las clases opresoras y oprimidas

До сих пор всякая форма общества основывалась, как мы уже видели, на антагонизме угнетенных и угнетенных классов

Pero para oprimir a una clase, hay que asegurarle ciertas condiciones

Но для того, чтобы угнетать класс, ему должны быть обеспечены определенные условия

La clase debe ser mantenida en condiciones en las que pueda, por lo menos, continuar su existencia servil

Класс должен содержаться в условиях, при которых он может, по крайней мере, продолжать свое рабское существование

El siervo, en el período de la servidumbre, se elevaba a la comuna

Крепостной крестьянин в период крепостного права возвысил себя до членства в общине

del mismo modo que la pequeña burguesía, bajo el yugo del absolutismo feudal, logró convertirse en burguesía

точно так же, как мелкая буржуазия под гнетом феодального абсолютизма успела развиться в буржуазию

El obrero moderno, por el contrario, en lugar de elevarse con el progreso de la industria, se hunde cada vez más

Современный рабочий, напротив, вместо того, чтобы подниматься вместе с прогрессом промышленности, опускается все глубже и глубже

se hunde por debajo de las condiciones de existencia de su propia clase

Он опускается ниже условий существования своего класса

Se convierte en un indigente, y el pauperismo se desarrolla más rápidamente que la población y la riqueza

Он становится нищим, а пауперизм развивается быстрее, чем население и богатство

Y aquí se hace evidente que la burguesía ya no es apta para ser la clase dominante de la sociedad

И здесь становится очевидным, что буржуазия уже непригодна для того, чтобы быть господствующим классом в обществе

y no es apta para imponer sus condiciones de existencia a la sociedad como una ley imperativa

И она непригодна для того, чтобы навязывать обществу свои условия существования в качестве высшего закона

Es incapaz de gobernar porque es incapaz de asegurar una existencia a su esclavo dentro de su esclavitud

Она непригодна для управления, потому что она неспособна обеспечить существование своему рабу в его рабстве

porque no puede evitar dejarlo hundirse en tal estado, que tiene que alimentarlo, en lugar de ser alimentado por él

потому что она не может не позволить ему впасть в такое состояние, что она должна кормить его, вместо того, чтобы быть накормленной им

La sociedad ya no puede vivir bajo esta burguesía

Общество не может больше жить при этой буржуазии

En otras palabras, su existencia ya no es compatible con la sociedad

Иными словами, его существование больше не совместимо с обществом

La condición esencial para la existencia y el dominio de la burguesía es la formación y el aumento del capital

Существенным условием существования и господства класса буржуазии является образование и увеличение капитала

La condición del capital es el trabajo asalariado

Условием капитала является наемный труд

El trabajo asalariado se basa exclusivamente en la competencia entre los trabajadores

Наемный труд покоится исключительно на конкуренции между рабочими

El avance de la industria, cuyo promotor involuntario es la burguesía, sustituye al aislamiento de los obreros

Развитие промышленности, невольным покровителем
которой является буржуазия, заменяет изоляцию рабочих
**por la competencia, por su combinación revolucionaria, por
la asociación**
за счет конкуренции, за счет их революционного
сочетания, за счет объединения
**El desarrollo de la industria moderna corta bajo sus pies los
cimientos mismos sobre los cuales la burguesía produce y se
apropia de los productos**
Развитие современной промышленности выбивает у нее
из-под ног самый фундамент, на котором буржуазия
производит и присваивает продукты
**Lo que la burguesía produce, sobre todo, son sus propios
sepultureros**
Буржуазия производит, прежде всего, своих могильщиков
**La caída de la burguesía y la victoria del proletariado son
igualmente inevitables**
Падение буржуазии и победа пролетариата одинаково
неизбежны

Proletarios y comunistas
Пролетарии и коммунисты

¿Qué relación tienen los comunistas con el conjunto de los proletarios?

В каком отношении находятся коммунисты к пролетариям в целом?

Los comunistas no forman un partido separado opuesto a otros partidos de la clase obrera

Коммунисты не образуют отдельной партии, противостоящей другим рабочим партиям

No tienen intereses separados y aparte de los del proletariado en su conjunto

У них нет интересов, обособленных и обособленных от интересов пролетариата в целом

No establecen ningún principio sectario propio, con el cual dar forma y moldear el movimiento proletario

Они не устанавливают никаких собственных сектантских принципов, которыми можно было бы формировать и лепить пролетарское движение

Los comunistas se distinguen de los demás partidos obreros sólo por dos cosas

Коммунисты отличаются от других рабочих партий только двумя вещами

En primer lugar, señalan y ponen en primer plano los intereses comunes de todo el proletariado, independientemente de toda nacionalidad

Во-первых, они указывают и выдвигают на первый план общие интересы всего пролетариата, независимо от всякой национальности

Esto lo hacen en las luchas nacionales de los proletarios de los diferentes países

Так они поступают в национальной борьбе пролетариев разных стран

En segundo lugar, siempre y en todas partes representan los intereses del movimiento en su conjunto

Во-вторых, они всегда и везде представляют интересы движения в целом

esto lo hacen en las diversas etapas de desarrollo por las que tiene que pasar la lucha de la clase obrera contra la burguesía

Это происходит на различных ступенях развития, через которые должна пройти борьба рабочего класса с буржуазией

Los comunistas son, por lo tanto, por una parte, prácticamente, el sector más avanzado y resuelto de los partidos obreros de todos los países

Таким образом, коммунисты являются, с одной стороны, практически самой передовой и решительной частью рабочих партий каждой страны

Son ese sector de la clase obrera que empuja hacia adelante a todos los demás

Они являются той частью рабочего класса, которая толкает вперед всех остальных

Teóricamente, también tienen la ventaja de entender claramente la línea de marcha

Теоретически у них также есть преимущество в том, что они четко понимают линию марша

Esto lo comprenden mejor comparado con la gran masa del proletariado

Это они понимают лучше по сравнению с огромной массой пролетариата

Comprenden las condiciones y los resultados generales finales del movimiento proletario

Они понимают условия и конечные общие результаты пролетарского движения

El objetivo inmediato del comunista es el mismo que el de todos los demás partidos proletarios

Ближайшая цель коммунистов та же, что и у всех других пролетарских партий

Su objetivo es la formación del proletariado en una clase

Их целью является превращение пролетариата в класс

su objetivo es derrocar la supremacía burguesa

они стремятся свергнуть господство буржуазии

la lucha por la conquista del poder político por el proletariado

Борьба пролетариата за завоевание политической власти

Las conclusiones teóricas de los comunistas no se basan en modo alguno en ideas o principios de reformadores

Теоретические выводы коммунистов никоим образом не основаны на идеях или принципах реформаторов

no fueron los aspirantes a reformadores universales los que inventaron o descubrieron las conclusiones teóricas de los comunistas

Не мнимые универсальные реформаторы изобрели или открыли теоретические выводы коммунистов

Se limitan a expresar, en términos generales, las relaciones reales que surgen de una lucha de clases existente

Они лишь выражают в общих чертах действительные отношения, вытекающие из существующей классовой борьбы

Y describen el movimiento histórico que está ocurriendo ante nuestros propios ojos y que ha creado esta lucha de clases.

И они описывают историческое движение, происходящее на наших глазах и создавшее эту классовую борьбу

La abolición de las relaciones de propiedad existentes no es en absoluto un rasgo distintivo del comunismo

Уничтожение существующих отношений собственности вовсе не является отличительной чертой коммунизма

Todas las relaciones de propiedad en el pasado han estado continuamente sujetas a cambios históricos

Все отношения собственности в прошлом постоянно подвергались историческим изменениям

y estos cambios fueron consecuencia del cambio en las condiciones históricas

И эти изменения были следствием изменения исторических условий

La Revolución Francesa, por ejemplo, abolió la propiedad feudal en favor de la propiedad burguesa
Французская революция, например, отменила феодальную собственность в пользу буржуазной собственности

El rasgo distintivo del comunismo no es la abolición de la propiedad, en general
Отличительной чертой коммунизма вообще не является уничтожение собственности

pero el rasgo distintivo del comunismo es la abolición de la propiedad burguesa
но отличительной чертой коммунизма является уничтожение буржуазной собственности

Pero la propiedad privada de la burguesía moderna es la expresión última y más completa del sistema de producción y apropiación de productos
Но современная буржуазия частная собственность является окончательным и наиболее полным выражением системы производства и присвоения продуктов

Es el estado final de un sistema que se basa en los antagonismos de clase, donde el antagonismo de clase es la explotación de la mayoría por unos pocos
Это конечное состояние системы, основанной на классовых антагонизмах, где классовый антагонизм — это эксплуатация многих меньшинством

En este sentido, la teoría de los comunistas puede resumirse en una sola frase; la abolición de la propiedad privada
В этом смысле теория коммунистов может быть резюмирована в одном предложении; Отмена частной собственности

A los comunistas se nos ha reprochado el deseo de abolir el derecho de adquirir personalmente la propiedad
Нас, коммунистов, упрекают в желании уничтожить право личного приобретения собственности

Se afirma que esta propiedad es el fruto del propio trabajo de un hombre

Утверждается, что это свойство является плодом собственного труда человека

y se alega que esta propiedad es la base de toda libertad, actividad e independencia personal.

И эта собственность якобы является основой всякой личной свободы, деятельности и независимости.

"¡Propiedad ganada con esfuerzo, adquirida por uno mismo, ganada por uno mismo!"

«С трудом завоеванная, самостоятельно приобретенная, самостоятельно заработанная собственность!»

¿Te refieres a la propiedad del pequeño artesano y del pequeño campesino?

Вы имеете в виду собственность мелкого ремесленника и мелкого крестьянина?

¿Te refieres a una forma de propiedad que precedió a la forma burguesa?

Вы имеете в виду форму собственности, предшествовавшую буржуазной форме?

No hay necesidad de abolir eso, el desarrollo de la industria ya lo ha destruido en gran medida

Нет нужды отменять это, развитие промышленности уже в значительной степени разрушило ее

y el desarrollo de la industria sigue destruyéndola diariamente

А развитие промышленности до сих пор ежедневно разрушает ее

¿O te refieres a la propiedad privada de la burguesía moderna?

Или вы имеете в виду современную буржуазную частную собственность?

Pero, ¿crea el trabajo asalariado alguna propiedad para el trabajador?

Но создает ли наемный труд какую-либо собственность для рабочего?

¡No, el trabajo asalariado no crea ni una pizca de este tipo de propiedad!

Нет, наемный труд не создает ни кусочка такой собственности!

Lo que sí crea el trabajo asalariado es capital; ese tipo de propiedad que explota el trabajo asalariado

То, что создает наемный труд, есть капитал; тот вид собственности, который эксплуатирует наемный труд

El capital no puede aumentar sino a condición de engendrar una nueva oferta de trabajo asalariado para una nueva explotación

Капитал не может увеличиваться иначе, как при условии возникновения нового предложения наемного труда для новой эксплуатации

La propiedad, en su forma actual, se basa en el antagonismo entre el capital y el trabajo asalariado

Собственность в ее теперешней форме основана на антагонизме капитала и наемного труда

Examinemos los dos lados de este antagonismo

Рассмотрим обе стороны этого антагонизма

Ser capitalista es tener no sólo un estatus puramente personal

Быть капиталистом – значит иметь не только чисто личный статус

En cambio, ser capitalista es también tener un estatus social en la producción

Напротив, быть капиталистом означает также иметь социальный статус в производстве

porque el capital es un producto colectivo; Sólo mediante la acción unida de muchos miembros puede ponerse en marcha

потому что капитал является коллективным продуктом; Только совместными действиями многих членов можно привести его в движение

Pero esta acción unida es el último recurso, y en realidad requiere de todos los miembros de la sociedad

Но это объединенное действие является крайней мерой, и на самом деле оно требует всех членов общества

El capital se convierte en propiedad de todos los miembros de la sociedad

Капитал действительно превращается в собственность всех членов общества

pero el Capital no es, por lo tanto, un poder personal; Es un poder social

но капитал, следовательно, не есть личная сила; Это социальная сила

Así, cuando el capital se convierte en propiedad social, la propiedad personal no se transforma en propiedad social

Таким образом, когда капитал превращается в общественную собственность, личная собственность не превращается тем самым в общественную собственность

Lo único que cambia es el carácter social de la propiedad y pierde su carácter de clase

Изменяется только общественный характер собственности, который теряет свой классовый характер

Veamos ahora el trabajo asalariado

Обратимся теперь к наемному труду

El precio medio del trabajo asalariado es el salario mínimo, es decir, la cantidad de medios de subsistencia

Средняя цена наемного труда есть минимальная заработная плата, т. е. величина жизненных средств

Este salario es absolutamente necesario en la mera existencia de un obrero

Эта заработная плата абсолютно необходима для простого существования в качестве рабочего

Por lo tanto, lo que el asalariado se apropia por medio de su trabajo, sólo basta para prolongar y reproducir una existencia desnuda

Следовательно, того, что наемный рабочий присваивает своим трудом, достаточно только для того, чтобы продлить и воспроизвести голое существование

De ninguna manera pretendemos abolir esta apropiación personal de los productos del trabajo

Мы ни в коем случае не намерены уничтожать это личное присвоение продуктов труда

una apropiación que se hace para el mantenimiento y la reproducción de la vida humana

ассигнования, которые производятся для поддержания и воспроизводства человеческой жизни

Tal apropiación personal de los productos del trabajo no deja ningún excedente con el que ordenar el trabajo de otros

Такое личное присвоение продуктов труда не оставляет излишка, с помощью которого можно было бы распоряжаться трудом других

Lo único que queremos eliminar es el carácter miserable de esta apropiación

Все, с чем мы хотим покончить, — это жалкий характер этого присвоения

la apropiación bajo la cual vive el obrero sólo para aumentar el capital

присвоение, при котором рабочий живет только для того, чтобы приумножить капитал

Sólo se le permite vivir en la medida en que lo exija el interés de la clase dominante

Ему позволено жить лишь постольку, поскольку этого требуют интересы господствующего класса

En la sociedad burguesa, el trabajo vivo no es más que un medio para aumentar el trabajo acumulado

В буржуазном обществе живой труд является лишь средством увеличения накопленного труда

En la sociedad comunista, el trabajo acumulado no es más que un medio para ampliar, para enriquecer y para promover la existencia del obrero

В коммунистическом обществе накопленный труд является лишь средством расширения, обогащения, содействия существованию рабочего

En la sociedad burguesa, por lo tanto, el pasado domina al presente

Таким образом, в буржуазном обществе прошлое господствует над настоящим

en la sociedad comunista el presente domina al pasado

в коммунистическом обществе настоящее господствует над прошлым

En la sociedad burguesa el capital es independiente y tiene individualidad

В буржуазном обществе капитал независим и обладает индивидуальностью

En la sociedad burguesa la persona viva es dependiente y no tiene individualidad

В буржуазном обществе живой человек зависим и не обладает индивидуальностью

¡Y la abolición de este estado de cosas es llamada por la burguesía, abolición de la individualidad y de la libertad!

А уничтожение этого положения вещей буржуазия называет уничтожением индивидуальности и свободы!

¡Y con razón se llama la abolición de la individualidad y de la libertad!

И это справедливо называется уничтожением индивидуальности и свободы!

El comunismo aspira a la abolición de la individualidad burguesa

Коммунизм направлен на уничтожение индивидуальности буржуазии

El comunismo pretende la abolición de la independencia burguesa

Коммунизм стремится к уничтожению независимости буржуазии

La libertad burguesa es, sin duda, a lo que aspira el comunismo

Свобода буржуазии — это, несомненно, то, к чему стремится коммунизм

en las actuales condiciones de producción de la burguesía, la libertad significa libre comercio, libre venta y compra

При нынешних условиях производства буржуазии свобода означает свободную торговлю, свободную продажу и куплю

Pero si desaparece la venta y la compra, también desaparece la libre venta y la compra

Но если исчезает продажа и покупка, то исчезает и свободная продажа и покупка

Las "palabras valientes" de la burguesía sobre la libre venta y compra sólo tienen sentido en un sentido limitado

«смелые слова» буржуазии о свободной продаже и покупке имеют смысл только в ограниченном смысле

Estas palabras tienen significado solo en contraste con la venta y la compra restringidas

Эти слова имеют смысл только в отличие от ограниченной продажи и покупки

y estas palabras sólo tienen sentido cuando se aplican a los comerciantes encadenados de la Edad Media

и эти слова имеют смысл только тогда, когда они применяются к скованным торговцам средневековья

y eso supone que estas palabras incluso tienen un significado en un sentido burgués

и это предполагает, что эти слова даже имеют значение в буржуазном смысле

pero estas palabras no tienen ningún significado cuando se usan para oponerse a la abolición comunista de la compra y venta

но эти слова не имеют смысла, когда они используются для того, чтобы выступить против коммунистической отмены купли-продажи

las palabras no tienen sentido cuando se usan para oponerse a la abolición de las condiciones de producción de la burguesía

Эти слова не имеют смысла, когда они используются для того, чтобы выступить против уничтожения буржуазных условий производства

y no tienen ningún sentido cuando se utilizan para oponerse a la abolición de la propia burguesía

и они не имеют никакого значения, когда они используются для того, чтобы противостоять уничтожению самой буржуазии

Ustedes están horrorizados de nuestra intención de acabar con la propiedad privada

Вы в ужасе от того, что мы намерены покончить с частной собственностью

Pero en la sociedad actual, la propiedad privada ya ha sido eliminada para las nueve décimas partes de la población

Но в вашем нынешнем обществе с частной собственностью уже покончено девять десятых населения

La existencia de la propiedad privada para unos pocos se debe únicamente a su inexistencia en manos de las nueve décimas partes de la población

Существование частной собственности для немногих обусловлено исключительно ее отсутствием в руках девяти десятых населения

Por lo tanto, nos reprochas que pretendamos acabar con una forma de propiedad

Поэтому вы упрекаете нас в намерении покончить с формой собственности

Pero la propiedad privada requiere la inexistencia de propiedad alguna para la inmensa mayoría de la sociedad

Но частная собственность обусловливает отсутствие всякой собственности для громадного большинства общества

En una palabra, nos reprochas que pretendamos acabar con tu propiedad

Одним словом, вы упрекаете нас в намерении покончить с вашей собственностью

Y es precisamente así; prescindir de su propiedad es justo lo que pretendemos

И это именно так; избавление от вашей собственности - это именно то, что мы намереваемся

Desde el momento en que el trabajo ya no puede convertirse en capital, dinero o renta

С того момента, как труд уже не может быть превращен в капитал, деньги или ренту

cuando el trabajo ya no puede convertirse en un poder social capaz de ser monopolizado

когда труд уже не может быть превращен в общественную силу, способную к монополизации

desde el momento en que la propiedad individual ya no puede transformarse en propiedad burguesa

с того момента, когда индивидуальная собственность уже не может быть превращена в собственность буржуазии

desde el momento en que la propiedad individual ya no puede transformarse en capital

с того момента, когда индивидуальная собственность уже не может быть превращена в капитал

A partir de ese momento, dices que la individualidad se desvanece

Вы говорите, что с этого момента индивидуальность исчезает

Debéis confesar, pues, que por "individuo" no os referimos a otra persona que a la burguesía

Вы должны, следовательно, сознаться, что под «отдельным лицом» вы имеете в виду не что иное, как буржуазию

Debes confesar que se refiere específicamente al propietario de una propiedad de clase media

Согласитесь, это относится именно к среднему классу, владеющему недвижимостью

Esta persona debe, en verdad, ser barrida del camino, y hecha imposible

Этот человек действительно должен быть сметен с дороги и сделан невозможным

El comunismo no priva a ningún hombre del poder de apropiarse de los productos de la sociedad

Коммунизм не лишает ни одного человека возможности присваивать продукты общества

todo lo que hace el comunismo es privarlo del poder de subyugar el trabajo de otros por medio de tal apropiación

Все, что делает коммунизм, — это лишает его возможности порабощать чужой труд посредством такого присвоения

Se ha objetado que, tras la abolición de la propiedad privada, cesará todo trabajo

Возражали, что с уничтожением частной собственности прекратится всякая работа

y entonces se sugiere que la pereza universal se apoderará de nosotros

И тогда высказывается предположение, что нас настигнет всеобщая лень

De acuerdo con esto, la sociedad burguesa debería haber ido hace mucho tiempo a los perros por pura ociosidad

Согласно этому, буржуазное общество давно должно было бы пойти на произвол судьбы из-за безделья

porque los de sus miembros que trabajan, no adquieren nada

потому что те из его членов, которые работают, ничего не приобретают

y los de sus miembros que adquieren algo, no trabajan

А те из его членов, которые что-либо приобретают, не работают

Toda esta objeción no es más que otra expresión de la tautología

Все это возражение есть не что иное, как еще одно выражение тавтологии

Ya no puede haber trabajo asalariado cuando ya no hay capital

Не может быть больше никакого наемного труда, когда нет больше капитала

No hay diferencia entre los productos materiales y los productos mentales

Нет никакой разницы между материальными продуктами и ментальными продуктами

El comunismo propone que ambos se producen de la misma manera

Коммунизм предполагает, что и то, и другое производится одним и тем же способом

pero las objeciones contra los modos comunistas de producirlos son las mismas

но возражения против коммунистических способов их производства те же самые

para la burguesía, la desaparición de la propiedad de clase es la desaparición de la producción misma

Для буржуазии исчезновение классовой собственности есть исчезновение самого производства

De modo que la desaparición de la cultura de clase es para él idéntica a la desaparición de toda cultura

Таким образом, исчезновение классовой культуры для него тождественно исчезновению всякой культуры

Esa cultura, cuya pérdida lamenta, es para la inmensa mayoría un mero entrenamiento para actuar como una máquina

Эта культура, об утрате которой он сожалеет, для подавляющего большинства является просто обучением действовать как машина

Los comunistas tienen la firme intención de abolir la cultura de la propiedad burguesa

Коммунисты очень хотят уничтожить культуру буржуазной собственности

Pero no discutan con nosotros mientras apliquen el estándar de sus nociones burguesas de libertad, cultura, ley, etc

Но не спорьте с нами, пока вы применяете стандарт ваших буржуазных понятий о свободе, культуре, праве и т. д

Vuestras mismas ideas no son más que el resultado de las condiciones de la producción burguesa y de la propiedad burguesa

Самые ваши идеи есть не что иное, как порождение условий вашего буржуазного производства и буржуазной собственности

del mismo modo que vuestra jurisprudencia no es más que
la voluntad de vuestra clase convertida en ley para todos

Точно так же, как ваша юриспруденция есть не что иное,
как воля вашего класса, превращенная в закон для всех

El carácter esencial y la dirección de esta voluntad están
determinados por las condiciones económicas que crea su
clase social

Сущность и направление этой воли определяются
экономическими условиями, создаваемыми вашим
социальным классом

El concepto erróneo egoísta que te induce a transformar las
formas sociales en leyes eternas de la naturaleza y de la
razón

Эгоистичное заблуждение, побуждающее вас превращать
общественные формы в вечные законы природы и разума.

las formas sociales que brotan de vuestro actual modo de
producción y de vuestra forma de propiedad

общественные формы, проистекающие из вашего
теперешнего способа производства и формы
собственности

relaciones históricas que surgen y desaparecen en el
progreso de la producción

исторические отношения, возникающие и исчезающие в
процессе производства

Este concepto erróneo lo compartes con todas las clases
dominantes que te han precedido

Это заблуждение вы разделяете со всеми
предшествовавшими вам правящими классами

Lo que se ve claramente en el caso de la propiedad antigua,
lo que se admite en el caso de la propiedad feudal

То, что вы ясно видите в случае древней собственности, то,
что вы допускаете в случае феодальной собственности

estas cosas, por supuesto, le está prohibido admitir en el caso
de su propia forma burguesa de propiedad

Конечно, вам запрещено признавать эти вещи в
отношении вашей собственной буржуазной формы
собственности

**¡Abolición de la familia! Hasta los más radicales estallan
ante esta infame propuesta de los comunistas**

Упразднение семьи! Даже самые радикальные вспыхивают
от этого гнусного предложения коммунистов

**¿Sobre qué base se asienta la familia actual, la familia
Bourgeoisie?**

На каком фундаменте зиждется нынешняя семья, семья
буржуазии?

**La base de la familia actual se basa en el capital y la
ganancia privada**

Основа нынешней семьи основана на капитале и личной
выгоде

**En su forma completamente desarrollada, esta familia sólo
existe entre la burguesía**

В своем вполне развитом виде эта семья существует только
среди буржуазии

**Este estado de cosas encuentra su complemento en la
ausencia práctica de la familia entre los proletarios**

Такое положение вещей дополняется практическим
отсутствием семьи у пролетариев

**Este estado de cosas se puede encontrar en la prostitución
pública**

Такое положение вещей можно найти в публичной
проституции

**La familia Bourgeoisie se desvanecerá como algo natural
cuando su complemento se desvanezca**

Буржуазная семья исчезнет как нечто само собой
разумеющееся, когда исчезнет ее дополнение

y ambos se desvanecerán con la desaparición del capital

И обе эти воли исчезнут с исчезновением капитала

**¿Nos acusan de querer detener la explotación de los niños
por parte de sus padres?**

Вы обвиняете нас в том, что мы хотим остановить
эксплуатацию детей их родителями?

De este crimen nos declaramos culpables

В этом преступлении мы признаем себя виновными

**Pero, dirás, destruimos la más sagrada de las relaciones,
cuando reemplazamos la educación en el hogar por la
educación social**

Но, скажете вы, мы разрушаем самые священные
отношения, когда заменяем домашнее воспитание
социальным воспитанием

**¿No es también social su educación? ¿Y no está determinado
por las condiciones sociales en las que se educa?**

Разве ваше образование не является социальным? И разве
это не определяется социальными условиями, в которых
вы обучаетесь?

**por la intervención, directa o indirecta, de la sociedad, por
medio de las escuelas, etc.**

прямым или косвенным вмешательством общества,
школами и т.д.

**Los comunistas no han inventado la intervención de la
sociedad en la educación**

Коммунисты не придумали вмешательство общества в
образование

**lo único que pretenden es alterar el carácter de esa
intervención**

Они лишь пытаются изменить характер этого
вмешательства

**y buscan rescatar la educación de la influencia de la clase
dominante**

И они стремятся спасти образование от влияния
правящего класса

**La burguesía habla de la sagrada correlación entre padres e
hijos**

Буржуазия говорит о священных отношениях между
родителем и ребенком

pero esta trampa sobre la familia y la educación se vuelve aún más repugnante cuando miramos a la industria moderna

но эта болтовня о семье и образовании становится еще более отвратительной, когда мы смотрим на современную промышленность

Todos los lazos familiares entre los proletarios son desgarrados por la industria moderna

Все семейные связи у пролетариев разорваны современной промышленностью

Sus hijos se transforman en simples artículos de comercio e instrumentos de trabajo

Их дети превращаются в простые предметы торговли и орудия труда

Pero vosotros, los comunistas, creáis una comunidad de mujeres, grita a coro toda la burguesía

А вы, коммунисты, создали бы женское сообщество, хором кричит вся буржуазия

La burguesía ve en su mujer un mero instrumento de producción

Буржуазия видит в своей жене простое орудие производства

Oye que los instrumentos de producción deben ser explotados por todos

Он слышит, что орудия производства должны эксплуатироваться всеми

Y, naturalmente, no puede llegar a otra conclusión que la de que la suerte de ser común a todos recaerá igualmente en las mujeres

И, естественно, он не может прийти ни к какому другому заключению, кроме того, что жребий быть общим для всех также выпадет на долю женщин

Ni siquiera sospecha que el verdadero objetivo es acabar con la condición de la mujer como meros instrumentos de producción

Он даже не подозревает, что реальная цель состоит в том, чтобы покончить со статусом женщин как простых орудий производства

Por lo demás, nada es más ridículo que la virtuosa indignación de nuestra burguesía contra la comunidad de mujeres

В остальном нет ничего смешнее, чем добродетельное негодование нашей буржуазии по поводу женской общности

pretenden que sea abierta y oficialmente establecida por los comunistas

они делают вид, что она открыто и официально установлена коммунистами

Los comunistas no tienen necesidad de introducir la comunidad de mujeres, ha existido casi desde tiempos inmemoriales

Коммунистам нет нужды вводить женскую общину, она существует почти с незапамятных времен

Nuestra burguesía no se contenta con tener a su disposición a las mujeres e hijas de sus proletarios

Наша буржуазия не довольствуется тем, что имеет в своем распоряжении жен и дочерей своих пролетариев

Tienen el mayor placer en seducir a las esposas de los demás

Они получают величайшее удовольствие от соблазнения жен друг друга

Y eso sin hablar de las prostitutas comunes

И это не говоря уже об обычных проститутках

El matrimonio burgués es en realidad un sistema de esposas en común

Буржуазный брак в действительности представляет собой систему общих жен

entonces hay una cosa que se podría reprochar a los comunistas

то есть одна вещь, в которой коммунистов можно было бы упрекнуть

Desean introducir una comunidad de mujeres abiertamente legalizada

Они хотят создать открыто легализованное женское сообщество

en lugar de una comunidad de mujeres hipócritamente oculta

а не лицемерно скрываемое сообщество женщин

la comunidad de mujeres que surgen del sistema de producción

Женское сообщество, вытекающее из производственной системы

abolid el sistema de producción y abolid la comunidad de mujeres

Упраздните систему производства, и вы упраздните женскую общность

Se suprime la prostitución pública y la prostitución privada

Упраздняется как публичная проституция, так и частная проституция

A los comunistas se les reprocha, además, que desean abolir los países y las nacionalidades

Коммунистов еще больше упрекают в том, что они хотят уничтожить страны и национальности

Los trabajadores no tienen patria, así que no podemos quitarles lo que no tienen

У трудящихся нет родины, поэтому мы не можем отнять у них то, чего у них нет

El proletariado debe, ante todo, adquirir la supremacía política

Пролетариат должен прежде всего приобрести политическое господство

El proletariado debe elevarse para ser la clase dirigente de la nación

Пролетариат должен подняться, чтобы стать руководящим классом нации

El proletariado debe constituirse en la nación

Пролетариат должен стать нацией

es, hasta ahora, nacional, aunque no en el sentido burgués de la palabra

она сама пока национальна, хотя и не в буржуазном смысле этого слова

Las diferencias nacionales y los antagonismos entre los pueblos desaparecen cada día más

Национальные различия и антагонизмы между народами с каждым днем все более и более исчезают

debido al desarrollo de la burguesía, a la libertad de comercio, al mercado mundial

благодаря развитию буржуазии, свободе торговли, мировому рынку

a la uniformidad en el modo de producción y en las condiciones de vida correspondientes

к единообразию в способе производства и в соответствующих ему условиях жизни

La supremacía del proletariado hará que desaparezcan aún más rápidamente

Господство пролетариата приведет к тому, что они исчезнут еще быстрее

La acción unida, al menos de los principales países civilizados, es una de las primeras condiciones para la emancipación del proletariado

Объединенные действия, по крайней мере, ведущих цивилизованных стран, являются одним из первых условий освобождения пролетариата

En la medida en que se ponga fin a la explotación de un individuo por otro, también se pondrá fin a la explotación de una nación por otra.

В той мере, в какой будет прекращена эксплуатация одного индивида другим, будет прекращена и эксплуатация одной нации другой.

A medida que desaparezca el antagonismo entre las clases dentro de la nación, la hostilidad de una nación hacia otra llegará a su fin

По мере того, как исчезает антагонизм между классами внутри нации, прекращается и враждебность одной нации к другой

Las acusaciones contra el comunismo hechas desde un punto de vista religioso, filosófico y, en general, ideológico, no merecen un examen serio

Обвинения против коммунизма, выдвинутые с религиозной, философской и вообще идеологической точки зрения, не заслуживают серьезного рассмотрения

¿Se requiere una intuición profunda para comprender que las ideas, puntos de vista y concepciones del hombre cambian con cada cambio en las condiciones de su existencia material?

Нужна ли глубокая интуиция, чтобы понять, что идеи, взгляды и представления человека меняются с каждым изменением условий его материального существования?

¿No es obvio que la conciencia del hombre cambia cuando cambian sus relaciones sociales y su vida social?

Разве не очевидно, что сознание человека изменяется, когда изменяются его общественные отношения и его общественная жизнь?

¿Qué otra cosa prueba la historia de las ideas sino que la producción intelectual cambia de carácter a medida que cambia la producción material?

Что еще доказывает история идей, как не то, что умственное производство изменяет свой характер по мере изменения материального производства?

Las ideas dominantes de cada época han sido siempre las ideas de su clase dominante

Господствующими идеями каждой эпохи всегда были идеи ее господствующего класса

Cuando se habla de ideas que revolucionan la sociedad, no hace más que expresar un hecho

Когда люди говорят об идеях, которые революционизируют общество, они говорят только об одном факте

Dentro de la vieja sociedad, se han creado los elementos de una nueva

В старом обществе созданы элементы нового

y que la disolución de las viejas ideas sigue el mismo ritmo que la disolución de las viejas condiciones de existencia

и что разложение старых идей идет ровно в ногу с разложением старых условий существования

Cuando el mundo antiguo estaba en sus últimos estertores, las religiones antiguas fueron vencidas por el cristianismo

Когда древний мир переживал последние агонии, древние религии были побеждены христианством

Cuando las ideas cristianas sucumbieron en el siglo XVIII a las ideas racionalistas, la sociedad feudal libró su batalla a muerte contra la burguesía revolucionaria de entonces

Когда в 18 веке христианские идеи уступили место рационалистическим идеям, феодальное общество вело смертельную битву с тогдашней революционной буржуазией

Las ideas de la libertad religiosa y de la libertad de conciencia no hacían más que expresar el dominio de la libre competencia en el dominio del conocimiento

Идеи религиозной свободы и свободы совести лишь выражали господство свободной конкуренции в области знания

"Indudablemente", se dirá, "las ideas religiosas, morales, filosóficas y jurídicas se han modificado en el curso del desarrollo histórico"

«Несомненно, — скажут нам, — религиозные, нравственные, философские и юридические идеи видоизменялись в ходе исторического развития»

"Pero la religión, la filosofía de la moral, la ciencia política y el derecho, sobrevivieron constantemente a este cambio"

«Но религия, мораль, философия, политология и право постоянно переживали эту перемену»

"También hay verdades eternas, como la Libertad, la Justicia, etc."

«Есть и вечные истины, такие как Свобода,
Справедливость и т.д.»

"Estas verdades eternas son comunes a todos los estados de la sociedad"

«Эти вечные истины являются общими для всех состояний общества»

"Pero el comunismo suprime las verdades eternas, suprime toda religión y toda moral"

«Но коммунизм упраздняет вечные истины, он уничтожает всякую религию и всякую мораль»

"Lo hace en lugar de constituirlos sobre una nueva base"

«Он делает это вместо того, чтобы конституировать их на новой основе»

"Por lo tanto, actúa en contradicción con toda la experiencia histórica pasada".

«Следовательно, она действует в противоречии со всем прошлым историческим опытом»

¿A qué se reduce esta acusación?

К чему сводится это обвинение?

La historia de toda la sociedad pasada ha consistido en el desarrollo de antagonismos de clase

История всего прошлого общества состояла в развитии классовых антагонизмов

antagonismos que asumieron diferentes formas en diferentes épocas

антагонизмы, принимавшие различные формы в разные эпохи

Pero cualquiera que sea la forma que hayan tomado, un hecho es común a todas las épocas pasadas

Но какую бы форму они ни принимали, один факт является общим для всех прошлых веков

la explotación de una parte de la sociedad por la otra

эксплуатация одной части общества другой

No es de extrañar, pues, que la conciencia social de épocas pasadas se mueva dentro de ciertas formas comunes o ideas generales

Неудивительно поэтому, что общественное сознание прошлых веков движется в пределах некоторых общих форм или общих идей

(y eso a pesar de toda la multiplicidad y variedad que muestra)

(и это несмотря на всю множественность и разнообразие, которые он демонстрирует)

y éstos no pueden desaparecer por completo sino con la desaparición total de los antagonismos de clase

И они не могут полностью исчезнуть иначе, как с полным исчезновением классовых антагонизмов

La revolución comunista es la ruptura más radical con las relaciones tradicionales de propiedad

Коммунистическая революция – это самый радикальный разрыв с традиционными отношениями собственности

No es de extrañar que su desarrollo implique la ruptura más radical con las ideas tradicionales

Неудивительно, что его развитие предполагает самый радикальный разрыв с традиционными представлениями

Pero dejemos de lado las objeciones de la burguesía al comunismo

Но покончим с возражениями буржуазии против коммунизма

Hemos visto más arriba el primer paso de la revolución de la clase obrera

Выше мы видели первый шаг в революции рабочего класса

Hay que elevar al proletariado a la posición de gobernante, para ganar la batalla de la democracia

Пролетариат должен быть поднят на господствующее положение, чтобы выиграть битву за демократию

El proletariado utilizará su supremacía política para arrebatar, poco a poco, todo el capital a la burguesía

Пролетариат воспользуется своим политическим господством для того, чтобы постепенно вырвать у буржуазии весь капитал

centralizará todos los instrumentos de producción en manos del Estado

она централизует все орудия производства в руках государства

En otras palabras, el proletariado organizado como clase dominante

Иными словами, пролетариат организовался как господствующий класс

y aumentará el total de las fuerzas productivas lo más rápidamente posible

И это позволит как можно быстрее увеличить совокупность производительных сил

Por supuesto, al principio, esto no puede llevarse a cabo sino por medio de incursiones despóticas en los derechos de propiedad

Конечно, на первых порах это может быть достигнуто только путем деспотических посягательств на права собственности

y tiene que lograrse en las condiciones de la producción burguesa

и это должно быть достигнуто на условиях буржуазного производства

Por lo tanto, se logra mediante medidas que parecen económicamente insuficientes e insostenibles

Поэтому она достигается мерами, которые представляются экономически недостаточными и несостоятельными

pero estos medios, en el curso del movimiento, se superan a sí mismos

Но эти средства в ходе движения опережают сами себя

Requieren nuevas incursiones en el viejo orden social

Они требуют дальнейшего посягательства на старый общественный порядок

y son ineludibles como medio de revolucionar por completo el modo de producción

И они неизбежны как средство полной революции в способе производства

Por supuesto, estas medidas serán diferentes en los distintos países

Конечно, в разных странах эти меры будут разными

Sin embargo, en los países más avanzados, lo siguiente será de aplicación bastante general

Тем не менее, в наиболее развитых странах в целом применимы следующие положения

1. Abolición de la propiedad de la tierra y aplicación de todas las rentas de la tierra a fines públicos.

1. Отмена земельной собственности и использование всей земельной ренты на общественные нужды.

2. Un fuerte impuesto progresivo o gradual sobre la renta.

2. Большой прогрессивный или прогрессивный подоходный налог.

3. Abolición de todo derecho de herencia.

3. Отмена всех прав наследования.

4. Confiscación de los bienes de todos los emigrantes y rebeldes.

4. Конфискация имущества всех эмигрантов и мятежников.

5. Centralización del crédito en manos del Estado, por medio de un banco nacional de capital estatal y monopolio exclusivo.

5. Централизация кредита в руках государства посредством национального банка с государственным капиталом и исключительной монополией.

6. Centralización de los medios de comunicación y transporte en manos del Estado.

6. Централизация средств сообщения и транспорта в руках государства.

7. Ampliación de fábricas e instrumentos de producción propiedad del Estado

7. Расширение фабрик и орудий производства, принадлежащих государству

la puesta en cultivo de tierras baldías y el mejoramiento del suelo en general de acuerdo con un plan común.

Возделывание пустырей и улучшение почвы вообще в соответствии с общим планом.

8. Igual responsabilidad de todos hacia el trabajo

8. Равная ответственность всех перед трудом

Establecimiento de ejércitos industriales, especialmente para la agricultura.

Создание промышленных армий, особенно для сельского хозяйства.

9. Combinación de la agricultura con las industrias manufactureras

9. Сочетание сельского хозяйства с обрабатывающими отраслями промышленности

Abolición gradual de la distinción entre la ciudad y el campo, por una distribución más equitativa de la población en todo el país.

постепенное уничтожение различия между городом и деревней путем более равномерного распределения населения по стране.

10. Educación gratuita para todos los niños en las escuelas públicas.

10. Бесплатное образование для всех детей в государственных школах.

Abolición del trabajo infantil en las fábricas en su forma actual

Уничтожение детского фабричного труда в его нынешнем виде

Combinación de la educación con la producción industrial

Совмещение образования с промышленным производством

Cuando, en el curso del desarrollo, las distinciones de clase han desaparecido

Когда в ходе развития классовые различия исчезли

y cuando toda la producción se ha concentrado en manos de una vasta asociación de toda la nación

и когда все производство сосредоточено в руках
обширного объединения всей нации

entonces el poder público perderá su carácter político

Тогда публичная власть потеряет свой политический
характер

**El poder político, propiamente dicho, no es más que el poder
organizado de una clase para oprimir a otra**

Политическая власть, собственно говоря, есть не что иное,
как организованная власть одного класса для угнетения
другого

**Si el proletariado, en su lucha contra la burguesía, se ve
obligado, por la fuerza de las circunstancias, a organizarse
como clase**

Если пролетариат в своей борьбе с буржуазией вынужден
силой обстоятельств организоваться как класс

**si, por medio de una revolución, se convierte en la clase
dominante**

если посредством революции она сделает себя
господствующим классом

**y, como tal, barre por la fuerza las viejas condiciones de
producción**

И как таковая она силой сметает старые условия
производства

**entonces, junto con estas condiciones, habrá barrido las
condiciones para la existencia de los antagonismos de clase y
de las clases en general**

то вместе с этими условиями она уничтожила бы и
условия существования классовых антагонизмов и классов
вообще

y con ello habrá abolido su propia supremacía como clase.

и тем самым упразднит свое собственное господство как
класса.

**En lugar de la vieja sociedad burguesa, con sus clases y sus
antagonismos de clase, tendremos una asociación**

Вместо старого буржуазного общества с его классами и
классовыми антагонизмами мы будем иметь ассоциацию

**una asociación en la que el libre desarrollo de cada uno sea
la condición para el libre desarrollo de todos**

ассоциация, в которой свободное развитие каждого
является условием свободного развития всех

1) Socialismo reaccionario
1) Реакционный социализм

a) Socialismo feudal
a) Феодальный социализм

las aristocracias de Francia e Inglaterra tenían una posición histórica única
аристократии Франции и Англии занимали уникальное историческое положение
se convirtió en su vocación escribir panfletos contra la sociedad burguesa moderna
Их призванием стало написание памфлетов против современного буржуазного общества
En la Revolución Francesa de julio de 1830 y en la agitación reformista inglesa
Во Французской революции 1830 г. и в английской реформаторской агитации
Estas aristocracias sucumbieron de nuevo ante el odioso advenedizo
Эти аристократии снова поддались ненавистному выскочке
A partir de entonces, una contienda política seria quedó totalmente fuera de discusión
С этого момента ни о каком серьезном политическом соперничестве не могло быть и речи
Todo lo que quedaba posible era una batalla literaria, no una batalla real
Все, что оставалось возможным, это литературная битва, а не настоящая битва
Pero incluso en el dominio de la literatura, los viejos gritos del período de la restauración se habían vuelto imposibles
Но даже в области литературы старые крики эпохи Реставрации стали невозможными
Para despertar simpatías, la aristocracia se vio obligada a perder de vista, aparentemente, sus propios intereses

Чтобы вызвать сочувствие, аристократия вынуждена была забыть, по-видимому, о собственных интересах

y se vieron obligados a formular su acusación contra la burguesía en interés de la clase obrera explotada

и они должны были сформулировать свой обвинительный акт против буржуазии в интересах эксплуатируемого рабочего класса

Así, la aristocracia se vengó cantando sátiras a su nuevo amo

Таким образом, аристократия отомстила, распевая пародии на своего нового хозяина

y se vengaron susurrándole al oído siniestras profecías de catástrofe venidera

И они отомстили, нашептав ему на уши зловещие пророчества о грядущей катастрофе

De esta manera surgió el socialismo feudal: mitad lamentación, mitad sátira

Так возник феодальный социализм: наполовину плач, наполовину памфлет

Sonaba como medio eco del pasado y proyectaba mitad amenaza del futuro

Он звучал наполовину как эхо прошлого и наполовину как угроза будущего

a veces, con su crítica amarga, ingeniosa e incisiva, golpeó a la burguesía hasta la médula

временами своей горькой, остроумной и острой критикой она поражала буржуазию до глубины души

pero siempre fue ridículo en su efecto, por su total incapacidad para comprender la marcha de la historia moderna

Но она всегда была смехотворна по своему эффекту из-за полной неспособности понять ход современной истории

La aristocracia, con el fin de atraer al pueblo hacia ellos, agitaba la bolsa de limosnas proletaria delante como una bandera

Аристократия, чтобы сплотить вокруг себя народ, размахивала перед собой пролетарским мешком с подаянием за знамя

Pero el pueblo, tan a menudo como se unía a ellos, veía en sus cuartos traseros los antiguos escudos de armas feudales

Но народ всякий раз, когда присоединялся к нему, видел на своих задних лапах старые феодальные гербы

y desertaron con carcajadas ruidosas e irreverentes

И они покинули его с громким и непочтительным смехом .

Un sector de los legitimistas franceses y de la "Joven Inglaterra" exhibió este espectáculo

Одна часть французских легитимистов и «Молодой Англии» устроила это зрелище

los feudales señalaban que su modo de explotación era diferente al de la burguesía

феодалы указывали на то, что их способ эксплуатации отличается от способа эксплуатации буржуазии

Los feudales olvidan que explotaron en circunstancias y condiciones muy diferentes

Феодалы забывают, что они эксплуатировали в совершенно иных условиях и обстоятельствах

Y no se dieron cuenta de que tales métodos de explotación ahora son anticuados

И не заметили, что такие методы эксплуатации сейчас устарели

demostraron que, bajo su gobierno, el proletariado moderno nunca existió

Они показали, что при их правлении современного пролетариата никогда не существовало

pero olvidan que la burguesía moderna es el vástago necesario de su propia forma de sociedad

но они забывают, что современная буржуазия является необходимым порождением их собственной формы общества

Por lo demás, apenas ocultan el carácter reaccionario de su crítica

В остальном же они едва ли скрывают реакционный характер своей критики

su principal acusación contra la burguesía es la siguiente
их главное обвинение против буржуазии сводится к следующему

bajo el régimen de la burguesía se está desarrollando una clase social
при буржуазном режиме развивается социальный класс

Esta clase social está destinada a cortar de raíz el viejo orden de la sociedad
Этому социальному классу суждено пересечь корни и ветви старого общественного порядка

Lo que reprochan a la burguesía no es tanto que cree un proletariado
Они упрекают буржуазию не столько в том, что она создает пролетариат

lo que reprochan a la burguesía es más bien que crea un proletariado revolucionario
то, в чем они упрекают буржуазию, тем более, что она создает революционный пролетариат

En la práctica política, por lo tanto, se unen a todas las medidas coercitivas contra la clase obrera
Поэтому в политической практике они присоединяются ко всем принудительным мерам против рабочего класса

Y en la vida ordinaria, a pesar de sus frases altisonantes, se inclinan a recoger las manzanas de oro que caen del árbol de la industria
А в обычной жизни, несмотря на свои высокопарные фразы, они наклоняются, чтобы сорвать золотые яблоки, упавшие с дерева промышленности

y trocan la verdad, el amor y el honor por el comercio de lana, azúcar de remolacha y aguardiente de patata
И они обменивают истину, любовь и честь на торговлю шерстью, свекловичным сахаром и картофельным спиртом

Así como el párroco ha ido siempre de la mano con el terrateniente, así también lo ha hecho el socialismo clerical con el socialismo feudal

Как священник всегда шел рука об руку с помещиком, так и клерикальный социализм шел рука об руку с феодальным социализмом

Nada es más fácil que dar al ascetismo cristiano un tinte socialista

Нет ничего легче, как придать христианскому аскетизму социалистический оттенок

¿No ha declamado el cristianismo contra la propiedad privada, contra el matrimonio, contra el Estado?

Разве христианство не выступало против частной собственности, против брака, против государства?

¿No ha predicado el cristianismo en lugar de estos, la caridad y la pobreza?

Разве христианство не проповедовало вместо них милосердие и бедность?

¿Acaso el cristianismo no predica el celibato y la mortificación de la carne, la vida monástica y la Madre Iglesia?

Разве христианство не проповедует безбрачие и умерщвление плоти, монашескую жизнь и Мать-Церковь?

El socialismo cristiano no es más que el agua bendita con la que el sacerdote consagra los ardores del corazón del aristócrata

Христианский социализм есть не что иное, как святая вода, которой священник освящает горящие сердца аристократа

b) Socialismo pequeñoburgués
б) Мелкобуржуазный социализм

La aristocracia feudal no fue la única clase arruinada por la burguesía
Феодальная аристократия была не единственным классом, разоренным буржуазией
no fue la única clase cuyas condiciones de existencia languidecieron y perecieron en la atmósfera de la sociedad burguesa moderna
Это был не единственный класс, условия существования которого страдали и гибли в атмосфере современного буржуазного общества
Los burgueses medievales y los pequeños propietarios campesinos fueron los precursores de la burguesía moderna
Средневековые горожане и мелкие крестьяне-собственники были предшественниками современной буржуазии
En los países poco desarrollados, industrial y comercialmente, estas dos clases siguen vegetando una al lado de la otra
В тех странах, которые мало развиты в промышленном и торговом отношении, эти два класса все еще прозябают бок о бок
y mientras tanto la burguesía se levanta junto a ellos: industrial, comercial y políticamente
а между тем буржуазия поднимается рядом с ними: в промышленном, торговом и политическом отношении
En los países donde la civilización moderna se ha desarrollado plenamente, se ha formado una nueva clase de pequeña burguesía
В странах, где современная цивилизация достигла полного развития, образовался новый класс мелкой буржуазии
esta nueva clase social fluctúa entre el proletariado y la burguesía

этот новый социальный класс колеблется между
пролетариатом и буржуазией
**y siempre se renueva como parte complementaria de la
sociedad burguesa**
и она постоянно обновляется как дополнительная часть
буржуазного общества
**Sin embargo, los miembros individuales de esta clase son
constantemente arrojados al proletariado**
Но отдельные члены этого класса постоянно низвергаются
в пролетариат
**son absorbidos por el proletariado a través de la acción de la
competencia**
Они поглощаются пролетариатом под действием
конкуренции
**A medida que la industria moderna se desarrolla, incluso
ven acercarse el momento en que desaparecerán por
completo como sección independiente de la sociedad
moderna**
По мере развития современной промышленности они
даже видят приближение момента, когда они полностью
исчезнут как самостоятельная часть современного
общества
**Serán reemplazados, en las manufacturas, la agricultura y el
comercio, por vigilantes, alguaciles y tenderos**
В промышленности, сельском хозяйстве и торговле они
будут заменены надзирателями, судебными приставами и
лавочниками
**En países como Francia, donde los campesinos constituyen
mucho más de la mitad de la población**
В таких странах, как Франция, где крестьяне составляют
гораздо больше половины населения
**era natural que hubiera escritores que se pusieran del lado
del proletariado contra la burguesía**
естественно, что там есть писатели, которые встали на
сторону пролетариата против буржуазии

en su crítica al régimen burgués utilizaron el estandarte de la pequeña burguesía campesina

в своей критике буржуазного режима они пользовались мерилом крестьянской и мелкой буржуазии

Y desde el punto de vista de estas clases intermedias, toman el garrote de la clase obrera

И с точки зрения этих промежуточных классов они берутся за дубину рабочего класса

Así surgió el socialismo pequeñoburgués, del que Sismondi era el jefe de esta escuela, no sólo en Francia, sino también en Inglaterra

Так возник мелкобуржуазный социализм, главой которого был Сисмонди, не только во Франции, но и в Англии

Esta escuela del socialismo diseccionó con gran agudeza las contradicciones de las condiciones de producción moderna

Эта школа социализма с большой остротой вскрывала противоречия в условиях современного производства

Esta escuela puso al descubierto las apologías hipócritas de los economistas

Эта школа обнажила лицемерные извинения экономистов

Esta escuela demostró, incontrovertiblemente, los efectos desastrosos de la maquinaria y de la división del trabajo

Эта школа неопровержимо доказала гибельность машин и разделения труда

Probó la concentración del capital y de la tierra en pocas manos

Она доказала концентрацию капитала и земли в немногих руках

demostró cómo la sobreproducción conduce a las crisis de la burguesía

она доказала, как перепроизводство приводит к кризисам буржуазии

señalaba la ruina inevitable de la pequeña burguesía y del campesino

она указывала на неизбежное разорение мелкой буржуазии и крестьянства

la miseria del proletariado, la anarquía en la producción, las desigualdades flagrantes en la distribución de la riqueza

нищета пролетариата, анархия в производстве, вопиющее неравенство в распределении богатства

Mostró cómo el sistema de producción lidera la guerra industrial de exterminio entre naciones

Она показала, как производственная система ведет индустриальную войну на уничтожение между нациями

la disolución de los viejos lazos morales, de las viejas relaciones familiares, de las viejas nacionalidades

Разложение старых нравственных уз, старых семейных отношений, старых национальностей

Sin embargo, en sus objetivos positivos, esta forma de socialismo aspira a lograr una de dos cosas

Однако в своих позитивных целях эта форма социализма стремится достичь одного из двух

o bien pretende restaurar los antiguos medios de producción y de intercambio

Либо она направлена на восстановление старых средств производства и обмена

y con los viejos medios de producción restauraría las viejas relaciones de propiedad y la vieja sociedad

А со старыми средствами производства она восстановила бы старые отношения собственности и старое общество

o pretende apretar los medios modernos de producción e intercambio en el viejo marco de las relaciones de propiedad

Или же она стремится втиснуть современные средства производства и обмена в старые рамки отношений собственности

En cualquier caso, es a la vez reaccionario y utópico

И в том, и в другом случае она реакционна и утопична

Sus últimas palabras son: gremios corporativos para la manufactura, relaciones patriarcales en la agricultura

Его последние слова: корпоративные гильдии для мануфактуры, патриархальные отношения в сельском хозяйстве

En última instancia, cuando los obstinados hechos históricos habían dispersado todos los efectos embriagadores del autoengaño

В конце концов, когда упрямые исторические факты рассеяли все опьяняющие эффекты самообмана

esta forma de socialismo terminó en un miserable ataque de lástima

эта форма социализма закончилась жалким припадком жалости

c) Socialismo alemán o "verdadero"
в) Немецкий, или «истинный», социализм

La literatura socialista y comunista de Francia se originó bajo la presión de una burguesía en el poder
Социалистическая и коммунистическая литература Франции возникла под давлением буржуазии, находившейся у власти
Y esta literatura era la expresión de la lucha contra este poder
И эта литература была выражением борьбы против этой власти
se introdujo en Alemania en un momento en que la burguesía acababa de comenzar su lucha contra el absolutismo feudal
он был введен в Германии в то время, когда буржуазия только начинала борьбу с феодальным абсолютизмом
Los filósofos alemanes, los aspirantes a filósofos y los beaux esprits, se apoderaron con avidez de esta literatura
Немецкие философы, будущие философы и красавицы жадно хватались за эту литературу
pero olvidaron que los escritos emigraron de Francia a Alemania sin traer consigo las condiciones sociales francesas
но они забыли, что эти произведения иммигрировали из Франции в Германию, не принеся с собой французских социальных условий
En contacto con las condiciones sociales alemanas, esta literatura francesa perdió toda su significación práctica inmediata
Соприкасаясь с немецкими социальными условиями, эта французская литература теряла всякое свое непосредственное практическое значение
y la literatura comunista de Francia asumió un aspecto puramente literario en los círculos académicos alemanes
коммунистическая литература Франции приняла чисто литературный характер в немецких академических кругах

Así, las exigencias de la primera Revolución Francesa no eran más que las exigencias de la "Razón Práctica"

Таким образом, требования первой французской революции были не чем иным, как требованиями «практического разума»

y la expresión de la voluntad de la burguesía revolucionaria francesa significaba a sus ojos la ley de la voluntad pura

и волеизъявление революционной французской буржуазии означало в их глазах закон чистой воли

significaba la Voluntad tal como estaba destinada a ser; de la verdadera Voluntad humana en general

оно означало Волю, какой она должна была быть; истинной человеческой Воли вообще

El mundo de los literatos alemanes consistía únicamente en armonizar las nuevas ideas francesas con su antigua conciencia filosófica

Мир немецких литераторов состоял исключительно в том, чтобы привести новые французские идеи в гармонию с их древним философским сознанием

o mejor dicho, se anexionaron las ideas francesas sin abandonar su propio punto de vista filosófico

или, вернее, они аннексировали французские идеи, не отказываясь от своей собственной философской точки зрения

Esta anexión se llevó a cabo de la misma manera en que se apropia una lengua extranjera, es decir, por traducción

Эта аннексия произошла тем же способом, каким присваивается иностранный язык, а именно путем перевода

Es bien sabido cómo los monjes escribieron vidas tontas de santos católicos sobre manuscritos

Хорошо известно, как монахи писали над рукописями глупые жития католических святых

los manuscritos sobre los que se habían escrito las obras clásicas del antiguo paganismo

рукописи, на которых были написаны классические труды
древнего язычества

**Los literatos alemanes invirtieron este proceso con la
literatura profana francesa**

Немецкие литераторы обратили этот процесс вспять с
помощью профанной французской литературы

Escribieron sus tonterías filosóficas bajo el original francés

Они написали свой философский бред под французским
оригиналом

**Por ejemplo, debajo de la crítica francesa a las funciones
económicas del dinero, escribieron "Alienación de la
humanidad"**

Например, под французской критикой экономических
функций денег они написали «Отчуждение человечества»

**debajo de la crítica francesa al Estado burgués escribieron
"destronamiento de la categoría de general"**

под французской критикой буржуазного государства они
писали «свержение категории генерала»

**La introducción de estas frases filosóficas en el reverso de
las críticas históricas francesas las denominó:**

Введение этих философских фраз в конце французской
исторической критики они окрестили:

**"Filosofía de la acción", "Socialismo verdadero", "Ciencia
alemana del socialismo", "Fundamentos filosóficos del
socialismo", etc**

«Философия действия», «Истинный социализм»,
«Немецкая наука о социализме», «Философское
обоснование социализма» и т. д

**De este modo, la literatura socialista y comunista francesa
quedó completamente castrada**

Таким образом, французская социалистическая и
коммунистическая литература была полностью
выхолощена

**en manos de los filósofos alemanes dejó de expresar la lucha
de una clase con la otra**

в руках немецких философов оно перестало выражать борьбу одного класса с другим

y así los filósofos alemanes se sintieron conscientes de haber superado la "unilateralidad francesa"

Таким образом, немецкие философы сознавали, что преодолели «французскую односторонность»

no tenía que representar requisitos verdaderos, sino que representaba requisitos de verdad

Она не должна была представлять истинные требования, скорее, она представляла требования истины

no había interés en el proletariado, más bien, había interés en la Naturaleza Humana

не было интереса к пролетариату, скорее, был интерес к человеческой природе

el interés estaba en el Hombre en general, que no pertenece a ninguna clase y no tiene realidad

интерес был к человеку вообще, который не принадлежит ни к какому классу и не имеет реальности

Un hombre que sólo existe en el brumoso reino de la fantasía filosófica

Человек, существующий только в туманном царстве философской фантазии

pero con el tiempo este colegial socialismo alemán también perdió su inocencia pedante

но в конце концов и этот школьный немецкий социализм утратил свою педантичную невинность

la burguesía alemana, y especialmente la burguesía prusiana, lucharon contra la aristocracia feudal

немецкая буржуазия, и особенно прусская буржуазия, боролась против феодальной аристократии

la monarquía absoluta de Alemania y Prusia también estaba siendo combatida

против абсолютной монархии Германии и Пруссии также велась борьба

Y a su vez, la literatura del movimiento liberal también se hizo más seria

А литература либерального движения, в свою очередь, также стала более серьезной

Se le ofreció a Alemania la tan deseada oportunidad del "verdadero" socialismo

Германии была предложена долгожданная возможность для «настоящего» социализма

la oportunidad de confrontar al movimiento político con las reivindicaciones socialistas

возможность противопоставить политическое движение социалистическим требованиям

la oportunidad de lanzar los anatemas tradicionales contra el liberalismo

возможность обрушить традиционные анафемы на либерализм

la oportunidad de atacar al gobierno representativo y a la competencia burguesa

возможность нападать на представительное правительство и конкуренцию буржуазии

Libertad de prensa burguesa, Legislación burguesa, Libertad e igualdad burguesa

Буржуазия свобода печати, буржуазное законодательство, буржуазия свобода и равенство

Todo esto ahora podría ser criticado en el mundo real, en lugar de en la fantasía

Все это теперь можно было критиковать в реальном мире, а не в фантазиях

La aristocracia feudal y la monarquía absoluta habían predicado durante mucho tiempo a las masas

Феодальная аристократия и абсолютная монархия издавна проповедовали массам

"El obrero no tiene nada que perder y tiene todo que ganar"

«Трудящемуся нечего терять, и он все приобретает»

el movimiento burgués también ofrecía la oportunidad de hacer frente a estos tópicos

Буржуазное движение также дало шанс противостоять этим банальностям

la crítica francesa presuponía la existencia de la sociedad burguesa moderna

французская критика предполагала существование современного буржуазного общества

Las condiciones económicas de existencia de la burguesía y la constitución política de la burguesía

Экономические условия существования буржуазии и политическая конституция буржуазии

las mismas cosas cuya consecución era el objeto de la lucha pendiente en Alemania

те самые вещи, достижение которых было целью предстоящей борьбы в Германии

El estúpido eco del socialismo alemán abandonó estos objetivos justo a tiempo

Глупое эхо социализма в Германии отказалось от этих целей в самый последний момент

Los gobiernos absolutos tenían sus seguidores de párrocos, profesores, escuderos y funcionarios

Абсолютные правительства имели своих последователей в лице священников, профессоров, сельских сквайров и чиновников

el gobierno de la época se enfrentó a los levantamientos de la clase obrera alemana con azotes y balas

тогдашнее правительство встречало восстания немецкого рабочего класса порками и пулями

para ellos este socialismo servía de espantapájaros contra la burguesía amenazadora

для них этот социализм служил желанным пугалом против угрожающей буржуазии

y el gobierno alemán pudo ofrecer un postre dulce después de las píldoras amargas que repartió

и немецкое правительство смогло предложить сладкий десерт после горьких пилюль, которые оно раздавало

este "verdadero" socialismo servía así a los gobiernos como arma para combatir a la burguesía alemana

Таким образом, этот «истинный» социализм служил правительствам оружием в борьбе с германской буржуазией

y, al mismo tiempo, representaba directamente un interés reaccionario; la de los filisteos alemanes

и в то же время она прямо представляла реакционный интерес; У немецких филистимлян

En Alemania, la pequeña burguesía es la verdadera base social del actual estado de cosas

В Германии класс мелкой буржуазии является действительной социальной основой существующего положения вещей

Una reliquia del siglo XVI que ha ido surgiendo constantemente bajo diversas formas

Пережиток шестнадцатого века, который постоянно всплывает в различных формах

Preservar esta clase es preservar el estado de cosas existente en Alemania

Сохранить этот класс — значит сохранить существующее положение вещей в Германии

La supremacía industrial y política de la burguesía amenaza a la pequeña burguesía con una destrucción segura

Промышленное и политическое господство буржуазии грозит мелкой буржуазии верной гибелью

por un lado, amenaza con destruir a la pequeña burguesía a través de la concentración del capital

с одной стороны, она грозит уничтожением мелкой буржуазии путем концентрации капитала

por otra parte, la burguesía amenaza con destruirla mediante el ascenso de un proletariado revolucionario

с другой стороны, буржуазия грозит погубить ее подъемом революционного пролетариата

El "verdadero" socialismo parecía matar estos dos pájaros de un tiro. Se extendió como una epidemia

«Настоящий» социализм оказался для того, чтобы убить этих двух зайцев одним выстрелом. Она распространялась как эпидемия

El manto de telarañas especulativas, bordado con flores de retórica, empapado en el rocío de un sentimiento enfermizo

Одеяние спекулятивной паутины, расшитое цветами риторики, пропитанное росой болезненных сантиментов

esta túnica trascendental en la que los socialistas alemanes envolvían sus tristes "verdades eternas"

это трансцендентное одеяние, в которое немецкие социалисты завернули свои жалкие «вечные истины»

toda la piel y los huesos, sirvieron para aumentar maravillosamente la venta de sus productos entre un público tan

кожа и кости, послужили для того, чтобы чудесным образом увеличить продажу своих товаров среди такой публики

Y por su parte, el socialismo alemán reconocía, cada vez más, su propia vocación

Со своей стороны, немецкий социализм все больше и больше признавал свое призвание

estaba llamado a ser el grandilocuente representante de la pequeña burguesía filistea

его называли напыщенным представителем мещанского мещанина

Proclamaba que la nación alemana era la nación modelo, y que el pequeño filisteo alemán era el hombre modelo

Она провозглашала немецкую нацию образцовой нацией, а немецкого мелкого мещанина — образцовым человеком

A cada maldad malvada de este hombre modelo le daba una interpretación socialista oculta y superior

Каждой злодейской подлости этого образцового человека она давала скрытое, более высокое, социалистическое толкование

esta interpretación socialista superior era exactamente lo contrario de su carácter real

это высшее, социалистическое толкование было полной
противоположностью его действительному характеру

**Llegó al extremo de oponerse directamente a la tendencia
"brutalmente destructiva" del comunismo**

Она дошла до крайности, прямо выступив против
«жестоко разрушительной» тенденции коммунизма

**y proclamó su supremo e imparcial desprecio de todas las
luchas de clases**

и она провозглашала свое величайшее и беспристрастное
презрение ко всякой классовой борьбе

**Con muy pocas excepciones, todas las publicaciones
llamadas socialistas y comunistas que ahora (1847) circulan
en Alemania pertenecen al dominio de esta literatura sucia y
enervante**

За очень немногими исключениями, все так называемые
социалистические и коммунистические издания, которые
теперь (1847 г.) распространяются в Германии,
принадлежат к области этой грязной и изнуряющей
литературы

2) Socialismo conservador o socialismo burgués
2) Консервативный социализм, или буржуазный социализм

Una parte de la burguesía está deseosa de reparar los agravios sociales
Часть буржуазии желает загладить социальные обиды
con el fin de asegurar la continuidad de la sociedad burguesa
для того, чтобы обеспечить дальнейшее существование буржуазного общества
A esta sección pertenecen economistas, filántropos, humanistas
К этой секции относятся экономисты, меценаты, гуманитарии
mejoradores de la condición de la clase obrera y organizadores de la caridad
улучшатели положения рабочего класса и организаторы благотворительности
Miembros de las Sociedades para la Prevención de la Crueldad contra los Animales
члены обществ по предотвращению жестокого обращения с животными
fanáticos de la templanza, reformadores de todo tipo imaginable
Фанатики трезвости, реформаторы всех мыслимых и немыслимых
Esta forma de socialismo, además, ha sido elaborada en sistemas completos
Более того, эта форма социализма превратилась в законченные системы
Podemos citar la "Philosophie de la Misère" de Proudhon como ejemplo de esta forma
В качестве примера можно привести «Философию отверженности» Прудона

La burguesía socialista quiere todas las ventajas de las condiciones sociales modernas

Социалистическая буржуазия хочет использовать все преимущества современных общественных условий

pero la burguesía socialista no quiere necesariamente las luchas y los peligros resultantes

Но социалистическая буржуазия не обязательно хочет борьбы и опасностей

Desean el estado actual de la sociedad, menos sus elementos revolucionarios y desintegradores

Они желают существующего состояния общества, за вычетом его революционных и разлагающих элементов

en otras palabras, desean una burguesía sin proletariado

другими словами, они хотят буржуазии без пролетариата

La burguesía concibe naturalmente el mundo en el que es supremo ser el mejor

Буржуазия, естественно, представляет себе мир, в котором она превыше всего, быть лучшей

y el socialismo burgués desarrolla esta cómoda concepción en varios sistemas más o menos completos

и буржуазный социализм развивает эту удобную концепцию в различные более или менее законченные системы

les gustaría mucho que el proletariado marchara directamente hacia la Nueva Jerusalén social

они очень хотели бы, чтобы пролетариат немедленно двинулся в социальный Новый Иерусалим

pero en realidad requiere que el proletariado permanezca dentro de los límites de la sociedad existente

Но в действительности она требует, чтобы пролетариат оставался в рамках существующего общества

piden al proletariado que abandone todas sus ideas odiosas sobre la burguesía

они требуют от пролетариата отбросить все свои ненавистные идеи о буржуазии

hay una segunda forma más práctica, pero menos sistemática, de este socialismo

есть и вторая, более практическая, но менее систематическая форма этого социализма

Esta forma de socialismo buscaba despreciar todo movimiento revolucionario a los ojos de la clase obrera

Эта форма социализма стремилась обесценить всякое революционное движение в глазах рабочего класса

Argumentan que ninguna mera reforma política podría ser ventajosa para ellos

Они утверждают, что никакая политическая реформа не может принести им никакой пользы

Sólo un cambio en las condiciones materiales de existencia en las relaciones económicas es beneficioso

Только изменение материальных условий существования в экономических отношениях приносит пользу

Al igual que el comunismo, esta forma de socialismo aboga por un cambio en las condiciones materiales de existencia

Как и коммунизм, эта форма социализма выступает за изменение материальных условий существования

sin embargo, esta forma de socialismo no sugiere en modo alguno la abolición de las relaciones de producción burguesas

Однако эта форма социализма отнюдь не предполагает уничтожения буржуазных производственных отношений

la abolición de las relaciones de producción burguesas sólo puede lograrse mediante una revolución

уничтожение буржуазных производственных отношений может быть достигнуто только путем революции

Pero en lugar de una revolución, esta forma de socialismo sugiere reformas administrativas

Но вместо революции эта форма социализма предлагает административные реформы

y estas reformas administrativas se basarían en la continuidad de estas relaciones

И эти административные реформы будут основываться на продолжении этих отношений

reformas, por lo tanto, que no afectan en ningún aspecto a las relaciones entre el capital y el trabajo

Таким образом, реформы, которые ни в коей мере не затрагивают отношений между капиталом и трудом

en el mejor de los casos, tales reformas disminuyen el costo y simplifican el trabajo administrativo del gobierno burgués

в лучшем случае такие реформы уменьшают издержки и упрощают административную работу буржуазного правительства

El socialismo burgués alcanza una expresión adecuada cuando, y sólo cuando, se convierte en una mera figura retórica

Буржуазный социализм достигает адекватного выражения тогда и только тогда, когда он становится простой фигурой речи

Libre comercio: en beneficio de la clase obrera

Свободная торговля: на благо рабочего класса

Deberes protectores: en beneficio de la clase obrera

Протекционистские пошлины: в пользу рабочего класса

Reforma Penitenciaria: en beneficio de la clase trabajadora

Тюремная реформа: на благо рабочего класса

Esta es la última palabra y la única palabra seria del socialismo burgués

Это последнее и единственное серьезное слово буржуазного социализма

Se resume en la frase: la burguesía es una burguesía en beneficio de la clase obrera

Она резюмируется фразой: буржуазия есть буржуазия на благо рабочего класса

3) Socialismo crítico-utópico y comunismo
3) Критико-утопический социализм и коммунизм

No nos referimos aquí a esa literatura que siempre ha dado voz a las reivindicaciones del proletariado
Мы не говорим здесь о той литературе, которая всегда выражала требования пролетариата

esto ha estado presente en todas las grandes revoluciones modernas, como los escritos de Babeuf y otros
Это присутствовало во всех великих революциях Нового времени, таких как труды Бабефа и других

Las primeras tentativas directas del proletariado para alcanzar sus propios fines fracasaron necesariamente
Первые прямые попытки пролетариата достичь своих целей неизбежно потерпели неудачу

Estos intentos se hicieron en tiempos de excitación universal, cuando la sociedad feudal estaba siendo derrocada
Эти попытки предпринимались во времена всеобщего волнения, когда происходило свержение феодального общества

El entonces subdesarrollado del proletariado llevó a que fracasaran esos intentos
Неразвитое в то время состояние пролетариата привело к тому, что эти попытки потерпели неудачу

y fracasaron por la ausencia de las condiciones económicas para su emancipación
И они потерпели неудачу из-за отсутствия экономических условий для его эмансипации

condiciones que aún no se habían producido, y que sólo podían ser producidas por la inminente época de la burguesía
условия, которые еще предстояло создать и которые могли быть созданы одной только надвигающейся эпохой буржуазии

La literatura revolucionaria que acompañó a estos primeros movimientos del proletariado tuvo necesariamente un carácter reaccionario

Революционная литература, сопровождавшая эти первые движения пролетариата, неизбежно носила реакционный характер

Esta literatura inculcó el ascetismo universal y la nivelación social en su forma más cruda

Эта литература насаждала всеобщий аскетизм и социальную уравниловку в самой грубой форме

Los sistemas socialista y comunista, propiamente dichos, surgen en el período temprano no desarrollado

Социалистическая и коммунистическая системы, собственно говоря, возникают в ранний неразвитый период

Saint-Simon, Fourier, Owen y otros, describieron la lucha entre el proletariado y la burguesía (ver sección 1)

Сен-Симон, Фурье, Оуэн и др. описали борьбу между пролетариатом и буржуазией (см. раздел 1)

Los fundadores de estos sistemas ven, en efecto, los antagonismos de clase

Основатели этих систем действительно видят классовые антагонизмы

también ven la acción de los elementos en descomposición, en la forma predominante de la sociedad

Они видят также действие разлагающихся элементов в господствующей форме общества

Pero el proletariado, todavía en su infancia, les ofrece el espectáculo de una clase sin ninguna iniciativa histórica

Но пролетариат, еще находящийся в зачаточном состоянии, представляет для них зрелище класса, лишенного всякой исторической инициативы

Ven el espectáculo de una clase social sin ningún movimiento político independiente

Они видят зрелище социального класса без какого-либо независимого политического движения

El desarrollo del antagonismo de clase sigue el mismo ritmo que el desarrollo de la industria

Развитие классового антагонизма идет в ногу с развитием промышленности

De modo que la situación económica no les ofrece todavía las condiciones materiales para la emancipación del proletariado

Таким образом, экономическое положение еще не дает им материальных условий для освобождения пролетариата

Por lo tanto, buscan una nueva ciencia social, nuevas leyes sociales, que creen estas condiciones

Поэтому они ищут новую общественную науку, новые социальные законы, которые должны создать эти условия

acción histórica es ceder a su acción inventiva personal

историческое действие состоит в том, чтобы уступить их личному изобретательскому действию

Las condiciones de emancipación creadas históricamente han de ceder ante condiciones fantásticas

исторически сложившиеся условия эмансипации должны уступить место фантастическим условиям

y la organización gradual y espontánea de clase del proletariado debe ceder ante la organización de la sociedad

и постепенная, стихийная классовая организация пролетариата должна уступить место организации общества

la organización de la sociedad especialmente ideada por estos inventores

Организация общества, специально придуманная этими изобретателями

La historia futura se resuelve, a sus ojos, en la propaganda y en la realización práctica de sus planes sociales

Будущая история сводится в их глазах к пропаганде и практическому осуществлению их социальных планов

En la formación de sus planes son conscientes de preocuparse principalmente por los intereses de la clase obrera

При формировании своих планов они сознают, что
заботятся главным образом об интересах рабочего класса
Sólo desde el punto de vista de ser la clase más sufriente
existe el proletariado para ellos
Только с точки зрения того, что пролетариат является
наиболее страдающим классом, существует для них
только с точки зрения того, что он является наиболее
страдающим классом
El estado subdesarrollado de la lucha de clases y su propio
entorno informan sus opiniones
Неразвитое состояние классовой борьбы и их собственное
окружение формируют их мнения
Los socialistas de este tipo se consideran muy superiores a
todos los antagonismos de clase
Социалисты такого рода считают себя гораздо выше всех
классовых антагонизмов
Quieren mejorar la condición de todos los miembros de la
sociedad, incluso la de los más favorecidos
Они хотят улучшить положение каждого члена общества,
даже самых привилегированных
De ahí que habitualmente atraigan a la sociedad en general,
sin distinción de clase
Поэтому они обычно апеллируют к обществу в целом, без
различия классов
Es más, apelan a la sociedad en general con preferencia a la
clase dominante
Более того, они апеллируют к обществу в целом, отдавая
предпочтение правящему классу
Para ellos, todo lo que se requiere es que los demás
entiendan su sistema
Для них все, что требуется, это чтобы другие поняли их
систему
Porque, ¿cómo puede la gente no ver que el mejor plan
posible es para el mejor estado posible de la sociedad?

Потому что как люди могут не видеть, что наилучший возможный план – это наилучшее возможное состояние общества?

Por lo tanto, rechazan toda acción política, y especialmente toda acción revolucionaria

Поэтому они отвергают всякое политическое, а тем более революционное действие

desean alcanzar sus fines por medios pacíficos

Они хотят достичь своих целей мирными средствами

se esfuerzan, mediante pequeños experimentos, que están necesariamente condenados al fracaso

Они пытаются с помощью небольших экспериментов, которые неизбежно обречены на неудачу

y con la fuerza del ejemplo tratan de abrir el camino al nuevo Evangelio social

и силой примера они пытаются проложить путь новому социальному Евангелию

Cuadros tan fantásticos de la sociedad futura, pintados en un momento en que el proletariado se encuentra todavía en un estado muy subdesarrollado

Такие фантастические картины будущего общества, нарисованные в то время, когда пролетариат находится еще в очень неразвитом состоянии

y todavía no tiene más que una concepción fantástica de su propia posición

И она все еще имеет лишь фантастическое представление о своем собственном положении

pero sus primeros anhelos instintivos corresponden a los anhelos del proletariado

Но их первые инстинктивные стремления совпадают со стремлениями пролетариата

Ambos anhelan una reconstrucción general de la sociedad

И те, и другие стремятся к всеобщему переустройству общества

Pero estas publicaciones socialistas y comunistas también contienen un elemento crítico

Но в этих социалистических и коммунистических
изданиях есть и критический элемент

Atacan todos los principios de la sociedad existente

Они нападают на все принципы существующего общества

**De ahí que estén llenos de los materiales más valiosos para
la ilustración de la clase obrera**

Поэтому они полны ценнейших материалов для
просвещения рабочего класса

**Proponen la abolición de la distinción entre la ciudad y el
campo, y la familia**

Они предлагают упразднить различие между городом и
деревней, а также семьей

**la supresión de la explotación de industrias por cuenta de los
particulares**

Отмена ведения промышленности за счет частных лиц

**y la abolición del sistema salarial y la proclamación de la
armonía social**

отмена системы наемного труда и провозглашение
социальной гармонии

**la conversión de las funciones del Estado en una mera
superintendencia de la producción**

превращение функций государства в простой надзор за
производством

**Todas estas propuestas, apuntan únicamente a la
desaparición de los antagonismos de clase**

Все эти предложения указывают исключительно на
исчезновение классовых антагонизмов

**Los antagonismos de clase estaban, en ese momento, apenas
surgiendo**

Классовые антагонизмы в то время только зарождались

**En estas publicaciones estos antagonismos de clase se
reconocen sólo en sus formas más tempranas, indistintas e
indefinidas**

В этих публикациях эти классовые антагонизмы
признаются лишь в самых ранних, неясных и
неопределенных формах

Estas propuestas, por lo tanto, son de carácter puramente utópico

Поэтому эти предложения носят чисто утопический характер

La importancia del socialismo crítico-utópico y del comunismo guarda una relación inversa con el desarrollo histórico

Значение критико-утопического социализма и коммунизма находится в обратном отношении к историческому развитию

La lucha de clases moderna se desarrollará y continuará tomando forma definitiva

Современная классовая борьба будет развиваться и принимать определенные очертания

Esta fantástica posición del concurso perderá todo valor práctico

Это фантастическое положение в конкурсе потеряет всякую практическую ценность

Estos fantásticos ataques a los antagonismos de clase perderán toda justificación teórica

Эти фантастические нападки на классовые антагонизмы потеряют всякое теоретическое обоснование

Los creadores de estos sistemas fueron, en muchos aspectos, revolucionarios

Создатели этих систем были во многих отношениях революционерами

pero sus discípulos han formado, en todos los casos, meras sectas reaccionarias

Но их ученики во всех случаях образовывали просто реакционные секты

Se aferran firmemente a los puntos de vista originales de sus amos

Они крепко держатся за первоначальные взгляды своих хозяев

Pero estos puntos de vista se oponen al desarrollo histórico progresivo del proletariado

Но эти взгляды противоречат прогрессивному историческому развитию пролетариата

Por lo tanto, se esfuerzan, y eso de manera consecuente, por amortiguar la lucha de clases

Поэтому они стараются, и притом последовательно, заглушить классовую борьбу

y se esfuerzan constantemente por reconciliar los antagonismos de clase

И они последовательно стремятся примирить классовые антагонизмы

Todavía sueñan con la realización experimental de sus utopías sociales

Они все еще мечтают об экспериментальной реализации своих социальных утопий

todavía sueñan con fundar "falansterios" aislados y establecer "colonias domésticas"

они до сих пор мечтают основать разрозненные "фаланстеры" и основать "Метрополии"

sueñan con establecer una "Pequeña Icaria": ediciones duodécimas de la Nueva Jerusalén

они мечтают учредить «Малую Икарию» — duodecimo издания Нового Иерусалима

y sueñan con realizar todos estos castillos en el aire

И они мечтают реализовать все эти воздушные замки

se ven obligados a apelar a los sentimientos y a las carteras de los burgueses

Они вынуждены взывать к чувствам и кошелькам буржуа

Poco a poco se hunden en la categoría de los socialistas conservadores reaccionarios descritos anteriormente

Постепенно они опускаются в категорию реакционных консервативных социалистов, о которых говорилось выше

sólo se diferencian de ellos por una pedantería más sistemática

Они отличаются от них только более систематической педантичностью

y se diferencian por su creencia fanática y supersticiosa en los efectos milagrosos de su ciencia social

И они отличаются своей фанатичной и суеверной верой в чудодейственные эффекты своей социальной науки

Por lo tanto, se oponen violentamente a toda acción política por parte de la clase obrera

Поэтому они яростно противостоят всякому политическому выступлению рабочего класса

tal acción, según ellos, sólo puede ser el resultado de una ciega incredulidad en el nuevo Evangelio

такое действие, по их мнению, может быть результатом только слепого неверия в новое Евангелие

Los owenistas en Inglaterra y los fourieristas en Francia, respectivamente, se oponen a los cartistas y a los reformistas

Оуэнисты в Англии и фурьеристы во Франции противостоят соответственно чартистам и реформистам

Posición de los comunistas en relación con los diversos partidos de oposición existentes

Позиция коммунистов по отношению к различным существующим оппозиционным партиям

La sección II ha dejado claras las relaciones de los comunistas con los partidos obreros existentes

Раздел II разъяснил отношение коммунистов к существующим рабочим партиям

como los cartistas en Inglaterra y los reformadores agrarios en América

таких, как чартисты в Англии и аграрные реформаторы в Америке

Los comunistas luchan por el logro de los objetivos inmediatos

Коммунисты борются за достижение ближайших целей

Luchan por la imposición de los intereses momentáneos de la clase obrera

Они борются за навязание сиюминутных интересов рабочего класса

Pero en el movimiento político del presente, también representan y cuidan el futuro de ese movimiento

Но в политическом движении настоящего они также представляют и заботятся о будущем этого движения

En Francia, los comunistas se alían con los socialdemócratas

Во Франции коммунисты объединяются с социал-демократами

y se posicionan contra la burguesía conservadora y radical

и они противопоставляют себя консервативной и радикальной буржуазии

sin embargo, se reservan el derecho de tomar una posición crítica respecto de las frases e ilusiones tradicionalmente transmitidas desde la gran Revolución

однако они оставляют за собой право занимать критическую позицию по отношению к фразам и иллюзиям, традиционно унаследованным от великой революции

En Suiza apoyan a los radicales, sin perder de vista que este partido está formado por elementos antagónicos

В Швейцарии они поддерживают радикалов, не упуская из виду, что эта партия состоит из антагонистических элементов

en parte de los socialistas democráticos, en el sentido francés, en parte de la burguesía radical

частью демократических социалистов во французском смысле, частью радикальной буржуазии

En Polonia apoyan al partido que insiste en la revolución agraria como condición primordial para la emancipación nacional

В Польше они поддерживают партию, которая настаивает на аграрной революции как на первом условии национального освобождения

el partido que fomentó la insurrección de Cracovia en 1846

та партия, которая разжигала восстание в Кракове в 1846 году

En Alemania luchan con la burguesía cada vez que ésta actúa de manera revolucionaria

В Германии борются с буржуазией всякий раз, когда она действует революционно

contra la monarquía absoluta, la nobleza feudal y la pequeña burguesía

против абсолютной монархии, феодальной оруженосности и мелкой буржуазии

Pero no cesan, ni por un solo instante, de inculcar en la clase obrera una idea particular

Но они ни на минуту не перестают внушать рабочему классу одну конкретную идею

el reconocimiento más claro posible del antagonismo hostil entre la burguesía y el proletariado

яснейшее признание враждебного антагонизма между буржуазией и пролетариатом

para que los obreros alemanes puedan utilizar inmediatamente las armas de que disponen

чтобы немецкие рабочие могли немедленно пустить в ход имеющееся в их распоряжении оружие

las condiciones sociales y políticas que la burguesía debe introducir necesariamente junto con su supremacía

социальные и политические условия, которые буржуазия неизбежно должна ввести вместе со своим господством

la caída de las clases reaccionarias en Alemania es inevitable

падение реакционных классов в Германии неизбежно

y entonces la lucha contra la burguesía misma puede comenzar inmediatamente

и тогда сразу может начаться борьба с самой буржуазией

Los comunistas dirigen su atención principalmente a Alemania, porque este país está en vísperas de una revolución burguesa

Коммунисты обращают свое внимание главным образом на Германию, потому что эта страна стоит накануне буржуазной революции

una revolución que está destinada a llevarse a cabo en las condiciones más avanzadas de la civilización europea

революцию, которая должна быть совершена в более развитых условиях европейской цивилизации

y está destinado a llevarse a cabo con un proletariado mucho más desarrollado

И она неизбежно будет осуществлена с гораздо более развитым пролетариатом

un proletariado más avanzado que el de Inglaterra en el XVII y el de Francia en el siglo XVIII

В XVII веке пролетариат был более передовым, чем в Англии, а в XVIII веке — во Франции

y porque la revolución burguesa en Alemania no será más que el preludio de una revolución proletaria inmediatamente posterior

и потому, что буржуазная революция в Германии будет лишь прелюдией к непосредственно следующей за ней пролетарской революции

En resumen, los comunistas apoyan en todas partes todo movimiento revolucionario contra el orden social y político existente

Короче говоря, коммунисты повсюду поддерживают всякое революционное движение против существующего общественного и политического порядка вещей

En todos estos movimientos ponen en primer plano, como cuestión principal en cada uno de ellos, la cuestión de la propiedad

Во всех этих движениях они выдвигают, как ведущий вопрос в каждом, вопрос о собственности

no importa cuál sea su grado de desarrollo en ese país en ese momento

Независимо от того, какова степень ее развития в этой стране в данный момент

Finalmente, trabajan en todas partes por la unión y el acuerdo de los partidos democráticos de todos los países

Наконец, они повсюду борются за объединение и согласие демократических партий всех стран

Los comunistas desdeñan ocultar sus puntos de vista y sus objetivos

Коммунисты не стесняются скрывать свои взгляды и цели

Declaran abiertamente que sus fines sólo pueden alcanzarse mediante el derrocamiento por la fuerza de todas las condiciones sociales existentes

Они открыто заявляют, что их цели могут быть достигнуты только насильственным ниспровержением всех существующих общественных строев

Que las clases dominantes tiemblen ante una revolución comunista

Пусть господствующие классы трепещут перед коммунистической революцией

Los proletarios no tienen nada que perder más que sus cadenas

Пролетариям нечего терять, кроме своих цепей

Tienen un mundo que ganar

У них есть мир, который нужно победить

¡TRABAJADORES DE TODOS LOS PAÍSES, UNÍOS!

ПРОЛЕТАРИИ ВСЕХ СТРАН, СОЕДИНЯЙТЕСЬ!

www.ingramcontent.com/pod-product-compliance
Lightning Source LLC
Chambersburg PA
CBHW011736020426
42333CB00024B/2912